CW01665187

iyi ki **kitap**lar

TİMAŞ YAYINLARI

İstanbul 2017

timas.com.tr

MAHREMİYET EĞİTİMİ
Adem Güneş

TİMAŞ YAYINLARI | 3666
Aile Eğitimi Dizisi | 34

YAYIN YÖNETMENİ
İhsan Sönmez

EDİTÖR
Ayşe Tuba Ayman

KAPAK TASARIMI
Ravza Kızıltuğ

1. BASKI
Sistem Yayıncılık, 2008

42. BASKI
Haziran 2017, İstanbul

ISBN
ISBN 978-605-08-1763-8

TİMAŞ YAYINLARI
Cağaloğlu, Alemdar Mahallesi,
Alayköşkü Caddesi, No: 5, Fatih/İstanbul
Telefon: (0212) 511 24 24
P.K. 50 Sirkeci / İstanbul

timas.com.tr
timas@timas.com.tr
facebook.com/timasyayingrubu
twitter.com/timasyayingrubu

Kültür Bakanlığı Yayıncılık
Sertifika No: 12364

BASKI VE CİLT
Sistem Matbaacılık
Yılanlı Ayazma Sok. No: 8
Davutpaşa-Topkapı/İstanbul
Telefon: (0212) 482 11 01
Matbaa Sertifika No: 16086

MAHREMİYET EĞİTİMİ

Pedagog Adem Güneş

Yayına Hazırlayan: Tuba Kabacaoğlu

TİMAŞ

ADEM GÜNEŞ

Adem Güneş 1969'da Ankara'da doğdu.

İlk, orta ve lise eğitimini Türkiye'de tamamladıktan sonra Rotterdam Üniversitesi Pedagoji bölümünden mezun oldu. Yüksek lisansını Sosyoloji bölümünde yaptı. Doktora eğitiminde Sakarya Üniversitesi Rehberlik ve Psikoloji Danışmanlık Bölümü'nde 'Bağlanma Terapisi' üzerine çalıştı. Süleyman Demirel Üniversitesi'nde 450 Saat Aile Danışmanlığı Eğitimi, Amerika'da "Bağlanma Terapisi" eğitimi aldı. WISC-R (WECHLER Çocuklar İçin Zeka Ölçeği) GESEL, METROPOLİTAN, PEABODY, AGTE testleri Uygulama, Yorumlama ve Raporlama eğitimleri aldı.

Adem Güneş, Uluslararası Aile Terapisi Derneği (IFTA-International Family Therapy Association), Amerikan Psikologlar Derneği (APA- American Psychological Association), Oyun Terapisi Derneği (APT- Association for Play Therapy) ve Amerikan Danışmanlar Derneği (ACA- American Counseling Association) üyesidir.

Hollanda'da da yaşadığı yıllarda Alternatif Eğitim sistemlerini inceledi.

Güneş'in Çocuk Eğitimi yaklaşımı, İngiliz Bristol Üniversitesi'nde araştırma konusu oldu.

Çeşitli dergilerde çocuk eğitimine ait yazılar kaleme aldı, ulusal radyo kanallarında çocuk eğitimi programları yaptı.

Türkiye Bilimsel ve Teknolojik Araştırma Kurumu (TÜBİTAK) tarafından yürütülen Çocuk Erken Tanı Uyarı Sistemi (ÇETUS) projesinde yer aldı. TRT Çocuk ve Türk Telekom'da proje danışmanlığı yaptı.

Türkiye Çocuk Zirvesi tarafından Çocuk Dostu Ödülü, Medya Etik Konseyi tarafından Aile ve Çocuk Programları Medya Etik Ödülü ve Çanakkale 18 Mart Üniversitesi Senatosu tarafından Fahri Doktora Unvanı verildi.

Yayınlanmış 21 Türkçe, 2 İngilizce eseri vardır. Çocuk Eğitimi alanında Türkiye'nin en çok satan yazarları arasında yer almaktadır.

Pedagojik Danışman ve Aile Danışmanı olan Güneş halen *Parents Türkiye, Mother&Baby, Aktüel Yaşam ve Anadolu Jet* dergilerinde yazmaktadır.

Adem Güneş, "Çocuğa duyarlılığın artmasının bir toplumun psikolojik iyi oluşuna katkı sağlayacağını" vurgulamaktadır.

Adem Güneş evli ve dört çocuk babasıdır.

Yayınlanmış Eserleri:

Türkçe

Cezasız Eğitim

Edinerek Öğrenme

Adım Adım Çocuklarda Cinsel Eğitim

Ergenlik Döneminde 100 Temel Kural

7-14 Yaş Dönemi Çocuk Eğitiminde 100 Temel Kural

0-6 Yaş Dönemi Çocuk Eğitiminde 100 Temel Kural

Çocuk Eğitiminde 100 Temel Kural

Çocuk Neyi Neden Yapar 2

Çocuk Neyi Neden Yapar

Çocuk Deyip Geçmeyin

Aile ile Bağlanma / Aidiyet

Güvenli Bağlanma

Mahremiyet Eğitimi

Doğal Ebeveynlik

Çocukluk Sırrı

Doğru Bilinen Yanlışlar

Pozitif İletişim

Annelik Sanatı

Tatil Sürecinde Çocuk Eğitimi

Rahat Bırakın Beni

Bilmezsen Korkarsın Tabi

İngilizce

The Wonder of Childhood

The Education of Privacy for Children

İÇİNDEKİLER

Başlarken...

Hangi yıldı hatırlamıyorum. Kayseri'de bir arkadaşın misafiriydik. Öğle sıcağında buz gibi çaylarımızı yudumlarken yanında misafiri olduğumuz arkadaşımız, "Falanca semtte, filanca isimli yaşlı bir zat yaşar. Bilge kişiliğiyle bölgede tanınır. İlim meclislerinde onun sözleri sıklıkla geçer... Arzu ederseniz, hava kararmadan bu bilge zata ziyarette bulunalım mı?" diye sorduğunda hepimiz, "Hay hay, neden olmasın!" diye karşılık verdik.

Kayseri'nin meşhur bağ evlerinin arasında, tozlu yollarda, düşe kalka yolculuk yaparken yanımızdaki arkadaşımız, bu bilge şahıs hakkında birçok olay anlattı. Yol uzadıkça sohbet koyulaştı. Sohbet koyulaştıkça, merakımız da arttı.

Bir süre sonra aracımız, yeşillikler arasındaki heybetli büyüklüğüne inat, mütevazı bir bağ evinin önünde durdu. Kapı önünde bir aracın durduğunu gören yaşlı zat, asma dallarından yaptığı şadırvanın altında, tahtadan yapılmış bir sedirden usulca ayağa kalktı ve bahçe kapısından selam veren bizleri, "Buyurun buyurun..." diyerek içeri davet etti. Geçerken uğradığımızı, bir çay içme süresince hal hatır sorup sohbet etmek istediğimizi söyleyince çok memnun oldu.

Yaşlı zat gayet sakin, yılların birikimiyle büyük bir olgunluk ve vakar içinde, bizleri asma dallarının altındaki sedire davet etti. Uzun süren tanışma faslından sonra, söz döndü dolaştı, çocuk terbiyesine geldi.

İçimizden bir arkadaşımız, günümüzde çocuk terbiyesinin ne kadar zor olduğundan bahsetti, ahlaksızlığın ne kadar hızla yayıldığından şikâyetçi oldu.

Yaşlı zat, tüm söylenenleri sakin ve olgun bir tavırla, "Doğru," diye onayladı. Elinde tuttuğu tiryaki bardağından çayını yudumladıktan sonra derin bir nefes aldı, "Sizi tenzih ederim... Kusura bakmazsanız, günümüz anne-babaları hakkında düşüncelerimi arz edeyim," dedi ve konuşmasını sürdürdü. "Günümüz anne-babalarının galiba en büyük sorunu 'çokbilmişlik'... Bugün anne-babalar maşallah her konuda her şeyi biliyorlar, ama iş, asıl kendi meseleleri olan aile hayatına, çocuk yetiştirmeye gelince çaresiz kalıyorlar. Problemlerin içinden çıkamıyorlar. Annelik nasıl yapılır, babalık nedir bilmiyorlar... Babalar baba gibi değil, anneler de ana gibi değil artık. Öyle olunca toplumda hasta ruhlu yeni bir nesil yetişmeye başladı."

Şırıl şırıl bir havuzun kenarında sedire dizilmiş bizler, sohbeti can kulağı ile dinliyorduk...

"Günümüz anne-babaları mahremiyet eğitimi nasıl verilir bilmiyorlar!" Yaşlı zat, bir süre sustu ve uzaklara baktı, sonra devam etti. "Evvelden çocuklar yetiştirilirken bir 'mahremiyet' eğitimi vardı. Eskiler mahremiyet eğitimine hayati derecede önem verirdi. Şimdiki anne-babalara bakıyorum, daha mahremiyetin ne olduğunu bile bilmiyorlar..." dedi ve iç çektikten sonra, "Özetle, anneler çocuklarını bu önemli konuda ihmal ediyorlar," diye ekledi.

Konuyu biraz daha açması için, "Nasıl yani, örnek verir misiniz?" diye bir soru yönelttik kendisine.

Yaşlı zat, "Örneğin günümüz çocuklarını gözlemliyorum, kıyafetlerini değiştirirken çok rahat davranıyorlar. Şu oturduğumuz yere bir çocuk gelse, çocuğun kıyafetleri oyun esnasında kirlenmiş olsa… Annesi, çocuğun kirlenmiş elbiselerini herkesin ortasında çıkarıp üstünü değiştirebilir. Buna alışmış olan çocuk da kıyafetleri üzerinden çıkartılırken hiç utanıp sıkılmaz, mahcup olmaz… Bu çok yanlış. Anne-babalar buna dikkat etmiyor. Çocuklarına mahremiyet bilinci vermiyorlar," dedi.

Yılların tecrübesini bizlerle paylaşan bu yaşlı zatın sözleri zihnimizde tek tek karşılık buluyordu. Konuşma derinleştikçe, mahremiyet eğitimi konusunda anne-babaların nasıl yanlışlar içine olduğunu örneklendirmeye devam etti:

"Ya da bir başka örnek vereyim size... Çocuk, artık aklı erecek yaşa gelmiş, yani 7-8 yaşlarında, ama bakıyorsunuz 'duş' denen bir fıskiyenin altında anne-babasıyla kucak kucağa banyo yapıyor. İkisi de çırılçıplak... Olmaz ki böyle, böylesi bir davranış çocuğun kazanacağı mahremiyet duygusu adına bir cinayettir. Çocuk belli bir yaştan sonra anne-babasını kıyafetsiz görmemelidir. İşte böyle yetişen gençler, mahremiyet nedir bilmiyorlar. Mahremiyet hissi öyle bir şeydir ki bir genç kızın iffetli yaşaması için en kıymetli silahıdır. Düşünün ki şu sedirlere bir grup hanım otursun. Ve işte şu karşıda gördüğünüz çalıların arasında da bir çift hain göz, burada oturan kadınları gizlice seyrediyor olsun. Burada oturan kadınlardan birinin eteği şöyle hafifçe yana doğru açılsa da şu çalıların arasında burayı gözleyen kişinin bakışları, bu kadının açılan eteğinden görünen tenine değecek olsa, eğer bu kadının mahremiyet hissi pekişmişse, tenine değen o bakışı hisseder ve irkilerek eteğini toplar. Bizim buralarda tedirgin olunca 'estağfirullah' denir... İşte bu hal mahremiyet bilinci ile yetişmiş bir hanımın halidir. Ama eğer, bu hanım, çocukluk yıllarında mahremiyet eğitiminden nasibini almamışsa, ne kendine yönelen bir çift hain gözü fark eder, ne o bakışlardan rahatsız olur, ne de eteğini toplama ihtiyacı hisseder."

Bu yaşlı zatın seksen küsur yıllık hayat tecrübelerini dinlerken kendimi üniversite amfisinde pedagoji dersi veren bir profesörü dinler gibi hissettim.

NEZAKET VE ZARAFET İÇİN MAHREMİYET

Duyguların Yönetimi Eğitimi

Her ebeveyn çocuğuna yönelecek incitici bir bakıştan, zarar verici bir tutumdan, şiddetten, tacizden kendisini koruyacak güce erişmesini arzu eder.

Yetişkinlerden çocuğa yönelik olumsuz tutum karşısında çocuğun çaresiz kalması değil, kendini koruyabilecek davranışlar sergileyebilmesi anne babaların en büyük isteğidir.

Çocuğun kendinden büyük birilerine karşı korunaklı durabilmesi, çok da kolay kazanılabilecek bir yetenek değildir.

Çünkü kendisinden hem fizik hem de zekâ olarak güçlü bir yetişkin karşısında çocuğun duygularını yönetebilmesi, "içten gelen bir reaksiyonla" kendisini koruyabilmesi, zarara uğrama riskine rağmen "etken" bir şekilde kendini savunabilmesi ancak o çocuğun iç dünyasında adım adım elde edilecek duygusal yapılanmanın bir sonucudur.

Bundandır ki, Mahremiyet Eğitimi sadece cinsel konuları içeren bir eğitim değil, aynı zamanda çocuğun bütün duygu dünyasını yönetebilmesi eğitimidir.

Mahremiyet Eğitimi, çocuğun bütün yaşamını kolaylaştıran, kendi duygu dünyasını yönetme becerisi elde etmesini sağlayan, kişilik eğitimidir.

Çocuk Mahremiyet Eğitimi sayesinde duygularını "anlamlandırabilir" ve anlamlandırabildiği duyguları yönetme becerisi elde edebilir.

Bu yönüyle Mahremiyet Eğitimi aynı zamanda "duyguların yönetimi" eğitimidir.

Bu duygular cinsel duygular olabileceği gibi aynı zamanda öfke, mahcubiyet, utanma, kıskançlık gibi temel insani duyguların yönetimini de içerir.

Duyguların yönetimi eğitiminde eksik kalmış olan çocukların öfkesine hâkim olamadığını veya kıskançlık hissini yönetemediğini görebildiğimiz gibi böylesi çocuklar cinsel duyguların yönetimini de beceremeyebilir.

Mahremiyet Eğitimi süreci sağlıklı oluşan çocukların aynı zamanda davranışlarının da bir düzen içinde olduğu gözlemlenir. Zira davranışların kökeni duygulardır, duygularını yönetebilen çocuk davranışlarını da yönetebilir...

Davranışları doğal bir düzen içerisinde olan çocuğun dışa yansıttığı görünüm "estetik" bir beden dilidir.

Estetik bir beden ise "nezaket" ve "zarafeti" beraberinde getirir.

Bütün bu bilgiler yan yana geldiğinde görülecek ki; Mahremiyet Eğitimi, sıradan bir eğitim değil, aksine, çocuğun kişiliğini oluşturan duyguların yönetilmesi becerisini kazandıran, böylece davranışın bir estetiğe dönüşerek nezaket ve zarafetin kazanıldığı temel eğitimdir.

Ruh, bedende görünür hale gelmeye başladığında ortaya "zarafet" çıkar.

Zarafet ve Nezaket

Zarafet; ruhun bedende kaygısızca görünür olması halidir. Çocuğun yaşadığı iç huzurun simasına yansıması, bedeninde görünür olmasıdır.

Böylesi bir ruh hali yaşanabilmesi için, iç düzenin sağlanmış olması gerekir. İşte Mahremiyet Eğitimi çocuğun duygu dünyasının düzeni ve iç çatışmalarını yönetebilme becerisi kazandırması açısından bakıldığında, zarafeti oluşturan eğitimin bir parçasıdır.

Duygularını yönetmeyi beceremeyen, kendi iç çatışmalarının ağırlığı altında kalmış kişilerin yüz yapısı gergin, kasları kasılmış, vücut dili estetikten uzaktır.

Zarafet sahibi bir kişinin insan ve eşya ile kurduğu ilişkinin adına "nezaket" denilir.

Vücudu estetik bir yapıya kavuşmuş çocuğun kalem tutuşu, su içişi, bir parça yiyeceği dudaklarına götürüşü, arkadaşı ile tokalaşıp selamlaşması nezaket içindedir...

Böylece iç düzenini elde etmiş ve yönetebilen bir insanın sonuç duygusu insan ve eşya ilişkilerinde nezakettir.

Bu, insan ilişkilerinde kazanılabilecek en üstün yetenektir.

Zira kendi duygularının farkındalığını kazanmış kişi başkalarının duygularının farkındalığını da kazanır... Kendi incindiği durumların başkalarını da incitebileceğini fark eder... Kendi duygularının farkındalığına sahip olmayan

Çocuk kendini emniyette hissederse; zarafet ruhundan bedenine yayılır.

bir kişiden ne nezaket ne de zarafet beklenebilir... Ortaya koyduğu davranışların da içsel değil suni bir zarafet olduğu kısa zamanda ortaya çıkar.

Kendi duygularını fark edebilen kişi başkalarının incinebileceği davranışları da fark edebilir. Sınırlarını ona göre koyar.

Sadece insan ilişkilerinde değil hayvanla kurduğu ilişkide de bir "duyarlılık" hali oluşur... Hayvanla empati kurabilir... Açlık hissi ile miyavlayan bir kediye şefkatle bakabilir, kafeste özgürlüğü kısıtlanmış bir hayvanın daraltısını kendi içinde duyabilir...

Nezaket sahibi bir kişi, sadece canlı varlıklarla değil, eşya ile kurduğu ilişkide de zariftir, incedir... Bir hediye paketini saldırarak açmaz, paketin kurdelesini keyifle açar... kâğıdını keyifle çıkartır... eşyaya saygınca davranır... kaldırıp atmaz, ona saygı gösterir...

Bundandır ki, tertip ve düzen alışkanlığı olmayan kişilerin sorunu davranışlarında değil, iç düzenlerindedir. Kendi odasının tertip ve düzeni konusunda onlarca kez ikaz edilmiş bir çocuğun bunu gerçekleştiremiyor olması, o davranışı öğrenememesiyle ilgili değil, o davranışın içsel karşılığının olmamasındandır. İç düzeni olmayan çocukların dış düzeni oturtması oldukça zordur.

Bu bilgiler ışığında bakıldığında, Mahremiyet Eğitimi aşağıdaki kazanımların oluşmasını beraberinde getiren kişilik eğitimidir:

- Duyguların Yönetimi Eğitimi
- Davranışların Yönetimi Eğitimi
- Beden Dilinde Estetik Kazanımı Eğitimi
- Nezaket ve Zarafet Eğitimi

- İlişkilerde Saygınlık Eğitimi
- Cinsel Bilgi Kazanımı Eğitimi

Bu yanı itibari ile toplumumuzda oldukça yaygın bir yanlış anlaşılmanın da altını çizmekte fayda var…

Zira birçok anne baba, Mahremiyet Eğitimi'ni kız ve erkek çocuklarının birbirinden "zorla" ayırt edilmesi, hatta birbirleriyle oynamalarının önüne geçilmesi olarak anlamaktadır.

Hâlbuki duygular "zorla" yönetilemez… Hiçbir kalıcı davranış "zorla" oluşturulamaz.

Ebeveynler çocuklarının duygularını yönetmek yerine, onlara kendi duygularını yönetmesini öğretmelidir ki bu; Mahremiyet Eğitimi'dir.

Mahremiyet Eğitimi çocuğu korku ve ürküntü ile bir davranış kalıbına sokmak değildir. Kendi fıtratına uygun, özgürce yaşayabilme becerisini kazandıran bir eğitimdir.

Mahremiyet Eğitimi Yanılgısı

Birçok anne baba "El âlem ne der?" kaygısından dolayı çocuklarının çocuksu davranışlarına engel olur.

Çocuksuluğun engellenmesi kendi başına sorunlu bir davranış olduğu gibi, engellenmiş çocuk da sorunlu davranışa yönelir… agresifleşir, hırslanır, saldırganlaşır…

Engellenmişliğin ortaya çıkarttığı bu yıkıcı davranışlarla ebeveynler genelde ceza ve şiddet kullanarak çocuğu yeniden engellemeye çalışırlar.

Ebeveynlerin şiddet eğilimi, kendi çocukluk deneyimlerinin bir sonucudur.

Mahremiyet eğitiminin amacı çocuğa "utanç duygusuyla çekingenlik kazandırmak" değildir.

Çocukları ile baş edemediklerinde akla gelen ilk çözüm, kendi çocukluk yıllarında kendilerine uygulanan yöntemdir. Aşağılanmışlıklarla engellenmiş çocuklar kendileri ebeveyn olduklarında çocuklarını aşağılayarak onların duygularını ve davranışlarını yönetmeye yeltenirler.

Bu bir ebeveynlik yanılgısı olduğu gibi, Mahremiyet Eğitimi'nin en yıkıcı tarafıdır.

Zira çocuğun duygularını "aşağılayarak" denetim altına almaya çalışmak, ona kendi duygularının yönetimini kaybettirir.

Baskı, zorlama ve cezalandırmalar ile duygu ve davranışları kontrol altına alınmış çocukların yetişkinlik yıllarındaki en büyük sorunları kendi duygularını yönetememesidir.

Bir çocuğun başına gelebilecek en büyük kayıp, davranışlarını yönetme becerisini kaybetmesidir.

Bununla birlikte çocuğu yoğun duygusal denetim altında tutarak, ona hâkim bir değersizlik duygusu edindirmeyi ve onun bu his ile çekingen davranışlar sergilemesini birçok yetişkin "Aferin ne kadar da akıllı... ne kadar iyi ahlakı var." diye tanımlarlar...Hâlbuki böylesi çocuklar, akıllı olduklarından değil, istenmeyen davranışlar sergilediklerinde başlarına gelebilecek olumsuzluğun kaygısı ile akıllı uslu görünüm içindedirler.

Çocuğun kendi yönetmediği hiçbir erdemli davranış, kişiye ahlak kazandırmaz. Böylesi bir hal ancak iç çatışmaları olan insanın oluşmasına nedendir. Kişi yönetemediği istekleri ve iç sesi ile dış baskılar arasındaki suçluluk duygusunu yaşayacaktır. Böylesi kişiler sanki "ikiyüzlülük" suçluluğu içindedirler.

Çocuğu utandırarak, kalabalıklar içinde mahcup edileceği korkusunu yaşatarak kazandırılan hiçbir davranış, çocuğun Mahremiyet Eğitimi'ne kazanç sağlamaz, aksine Mahremiyet Eğitimi'ni yıkar.

Cinsel Eğitim mi Mahremiyet Eğitimi mi?

Çocukların kendilerine yönelebilecek olumsuz bir davranıştan nasıl korunacağı, birçok eğitimcinin öncelikli konusudur. Bir kısım eğitimciler, çocuklara okullarda topluca pratik cinsel eğitim verilirse, onların kendilerini muhtemel bir tacizden koruyabileceklerini düşünüyor. Hâlbuki uygulamalara bakıldığında, "topluca" verilen cinsel eğitim sonrasında çocukların cinsel konulara daha fazla merak duydukları, kendi aralarında cinsel içerikli iletişimleri başlattıkları, internet sitelerinde sıklıkla cinsel içerikli aramalar yaptıkları gözlemlenmektedir. Ayrıca çocukların tacize en çok maruz kaldıkları dönemin 7 yaş öncesi olduğu da düşünülürse, "salt" cinsel eğitimin onları tacizden koruyacağı düşüncesi yetersiz kalır.

Kitabın ilerleyen kısımlarında da izah edileceği üzere, Mahremiyet Eğitimi, Cinsel Eğitim gibi, salt cinsel bilgi içeren bir eğitim değil, çocuğun duygu dünyasını bir bütün olarak ele alan ve her çocuğun kendine has farklılığının olduğunu hesap ederek "birebir" gerçekleşen bir eğitimdir."

Cinsel eğitimin fikrî altyapısı cinsel özgürlüktür, mahremiyet eğitimininki sınırlar içinde kalmaya teşviktir.

Bir grup çocuğa aynı ortamda cinsel bilgi vermek, ne taciz olaylarının önlenmesinde ne de çocukların cinsel kimliklerinin sağlıklı şekilde oluşmasında doğru bir yöntemdir.

Zira çocukta cinsel öğrenimin vakti geldiğinde adım adım gerçekleşmesi gerekir. Cinsel kimlik oluşumunda en kritik nokta, çocuğun ruhi ve zihni gelişimi ölçüsünde "çok hassas" ve "bilinmesi gerektiği kadar bilgi" prensibiyle eğitim verilmesidir.

Hâlbuki okullarda ve kalabalık bir grup içinde hangi çocuğun, hangi oranda cinsel bilgiyi sindirebileceği önceden kestirilemez. Her birinin konu hakkında ön bilgisi farklı olacağı gibi, anlatılan konuların hangi çocuğu nasıl etkileyeceği de tahmin edilemez. Verilen bilgiler bir kısım çocukta negatif etki oluşturabilir. Örneğin, birçok gencin, "mastürbasyonun zararları" konulu bilgilendirici toplantılardan sonra, merak edip bu davranışa yöneldikleri unutulmamalıdır.

Grup içinde cinsel eğitimin ikinci olumsuz yanı; böyle bir ortamın çocuğun utanma duygusunu zedelemesidir. Zira cinsellik her çocuğun "özel" dünyasıdır ve bunun "genel"e açılması çocuğun sınırlarını ayarlayamamasına neden olabilir. Ayrıca cinsel eğitimin doğal neticesi olarak; önceden konuşulmasından çekinilen konular artık arkadaş arasında kontrolsüzce konuşulmaya, esprilere konu olmaya başlar.

Aileler her ne kadar çocuklarının öğretmen gözetiminde doğru bilgiler aldığını düşünseler de ders çıkışında öğrencilerin kendi arasında cinsel konuları konuşmaya devam edeceği, doğruluğu belli olmayan ve filtreden geçmemiş bilgilerin kontrolsüzce paylaşılacağı unutulmamalıdır.

Bu ve buna benzer onlarca sebep analiz edildiğinde, çocuklara okullarda ve toplu mekânlarda cinsel eğitim verilmesi doğru değildir. Davranış bozukluğu sergileyen gençlerle yapılan terapi görüşmelerinde görülmektedir ki birçok çocuğun kendi sınırlarını gereksiz yere ilk kez aştığı dönem, vaktinden önce ve ihtiyaç olmadığı halde verilen cinsel bilgilerin alındığı dönemdir.

İstenmeyen gebelik ve bulaşıcı hastalık korkusu

İlk kez 1917 yılında Rusya'da uygulanmaya başlayan cinsel eğitimin amacı, istenmeyen gebeliklerin önlenmesiydi. Rusya'da uzunca bir süre cinselliğin yemek, içmek gibi insanın doğal bir ihtiyacı olduğu fikri yayılmıştı zira.

Yani insan nasıl ki yemek yerken, su içerken, uyurken utanmıyorsa cinselliğini yaşarken de utanmaması gerekirdi. Hâlbuki utanma hissi, insanın en doğal hissiydi.

Buna göre daha çocukluk yıllarında insanlar cinsellik konusunda bilgilendirilmeli ve bu, tabu olmaktan çıkarılmalıydı. Bu amaçla Rus gençler okullarda toplanıyor ve bir eğitimci vasıtasıyla cinselliğe ait bütün bilgiler onlara aktarılıyordu. Ancak ilerleyen yıllarda görüldü ki çocuklara verilen cinsel eğitim faydadan çok zarar getirmeye, toplumda yeni problemlerin oluşmasına yol açmaya başladı.

Henüz fizyolojik olarak anneliğe hazır olmayan genç kızlar istenmeyen gebelikler yaşadı ve cinsel özgürlük oldukça hızlı yayılmaya başladı. Bunun üzerine Rusya cinsel eğitim uygulamasına 1940'lı yıllarda son verdi. Yerine de, "Etik ve Estetik" adında bir ders başlattı. Böylece cinselliğin kontrolsüzce yaygınlaşması yerine, "etik" sınırlar çizilmesi esası getirildi.

Rusya bu tecrübeyi yaşarken Avrupa'da da cinsel eğitim gündeme gelmeye başladı. Zira o yıllarda Avrupa'da cinsel yolla bulaşan hastalıklardan korunmak için bir çıkış yolu aranıyordu. Çocuklara okullarda cinsel eğitim verilmesi halinde, bu sorunun önüne geçileceği düşünüldü.

Cinsel Eğitim ile Mahremiyet Eğitimi Arasındaki Farklar

1. Cinsel eğitim, bir grup çocuğa topluca verilir. Bu durumun (yukarıda da izah edildiği gibi) çocuklarda duygusal karmaşaya yol açma riski vardır. Hâlbuki "mahremiyet eğitimi" kişiye özeldir. Her çocuk ayrı ayrı eğitilir. Çocuğu eğitecek olan şahıs ise öncelikli olarak çocuğun birinci derecede yakınlarından biridir.

Örneğin, okulda, öğretmen çocukları sınıf içinde toplar ve topluca bilgi aktarır. Ancak grup içindeki çocukların hangi bilgiye hangi oranda ihtiyaç duyduğu dikkatlerden kaçabilir. Çocukların yaşları aynı olsa da, cinsel gelişimleri ve duygusal yapıları birbirinden farklı olduğu için, verilen her bilgi her çocukta aynı karşılığı oluşturmayabilir. Ayrıca, grup içindeki her bir çocuk farklı aile yapısına sahip olduğu için, aynı dozda bilgi bazı çocuklara normal gelebileceği gibi, bazılarına ağır gelebilir. Çocuk ilk defa duyduğu bu bilgileri eğitim sonrasında nasıl içselleştireceğini bilemeyebilir. Bazı çocuklar ise, Cinsel Eğitim sırasında verilen bilgilerle yetin-

Anneler 'otoriter olacağım' diye kızlarıyla aralarındaki dostluk bağını yıpratmamalıdır.

meyip bu gizemli ve yeni bilgileri internette kontrolsüzce aramaya yönelebilirler.

Hâlbuki Mahremiyet Eğitimi, gruplar halinde değil, birebir gerçekleşir. Çocuğa ihtiyacı kadar bilgi aktarılır. Bu sayede çocuğun duygu dünyası zedelenmemiş, çocuk sadece ihtiyacı olan bilgiyi edinmiş olur. Cinsellik gibi, özel bir konuyu, başkalarının yanında değil, tek başına olmanın verdiği güvenle elde etmiş olur.

Kız çocukları genellikle mahremiyet eğitimine dair edinimleri anneden almaya yatkındırlar. Erkek çocukların durumu ise biraz farklıdır. Zira erkek çocuklarının ergenlik döneminde yaşadığı duygular kızlardan çok daha ayrıcalıklıdır. Kitabın ilerleyen bölümlerinde izah edileceği gibi, erkek çocuklarına has bu durumdan ötürü, mahremiyet eğitiminin çocuğun kendini iyi hissedebileceği kendinden büyük bir yakını tarafından verilmesi uygundur.

2. Cinsel Eğitim'in kısıtlı bir zaman diliminde ve en fazla birkaç oturumda tamamlanması planlanır. Günlerce sürmez... Hâlbuki, Mahremiyet Eğitimi, 3-4 yaşından itibaren başlar, ince ince dokunarak ve parçalar birleştirilerek yıllar süren bir eğitime dönüşür. Bütünü oluşturan parçaların her biri belki cinsellik içermez, ancak parçalar birleştikçe aynı zamanda çocukta bir cinsel kimlik de oluşur.

3. Cinsel Eğitim, çocuğun "kendini başkalarından koruması" ve olası "cinsel problemlerin önlenmesi" amacına yöneliktir. Cinsel Eğitim'de cinselliğin bir tabu olmaktan çıkarılması, rahatça konuşulabilir hale gelmesi hedeflenir. Cinsel konuların rahatlıkla konuşulabilmesi, çocuğun kendini daha rahat savunabileceği varsayımı üzerine kurulur.

Hâlbuki Mahremiyet Eğitimi çocuğun "sadece" kendini koruması amacını değil, aynı zamanda kendisinin de başkalarına zarar vermemek üzere duygularını yönetebilmesi becerisini içerir. Mahremiyet Eğitimi, cinselliğin özel yaşamın bir parçası olduğunu öngördüğü için, çocukta sadece gerektiğinde cinsel konularda konuşmayı bir yetenek haline getirmeyi amaçlar.

4. Cinsel Eğitim'de her çocuğun özel problemine tek tek çözüm üretilemez. Aktarılan genel bilgiden yola çıkılarak çocuğun kendisiyle veya arkadaşları ile yaşadığı problemleri çözmesi beklenir. Mahremiyet Eğitimi'nde ise, çocuğun cinsellikle ilgili sorularına, baş başa bir ortamda ve sadece o çocuğa has olarak çözüm üretilir.

5. Cinsel Eğitim zihinsel bir eğitimdir. Çocuğa bilgi aktarılır ve aktarılan bilgilerle kendi yaşamında neler yapması gerektiği izah edilir. Mahremiyet Eğitimi hem zihinsel bir eğitim, hem de duyuların eğitimidir. Süreç içinde kimi zaman cinsel bilgiler aktarıldığı gibi, kimi zaman çocuğun duygu dünyasında karşılaştığı sorunlarla nasıl baş edebileceğine rehberlik edilir.

6. Mahremiyet Eğitimi'nde utanma ve mahcubiyet duyguları önemsenir, bu duyguların zarara uğramaması için çaba sarf edilir.

Ergen Çocukların Cinsel Bilgileri Nasıl ve Kim Tarafından Verilmelidir?

Ergen çocukların ihtiyacı olan cinsel bilgilerin ne zaman ve kim tarafından verileceği konusu her anne babanın cevabını aradığı bir sorudur.

Bu sorunun en kolay cevap bulan kısmı, kız çocuklarına aittir. Kız çocukları, ergenlik dönemine girdiklerinden itibaren anneleri ile birtakım paylaşımlar yapmaya kendilerini mecbur hissederler.

Kendilerinde gördükleri ve anlam veremedikleri değişiklikleri anneleri ile çekinmeden paylaşabilirler. Bu bilgi paylaşımı ve rehberlik ihtiyacının, anne kız ilişkisinin kalitesi ne kadar fazla ise o kadar sağlıklı gittiği bilinen bir gerçektir.

Baskın anneler ile kızları arasında tam bir paylaşım olmasa da, yine de kız çocukları yaşadıkları değişikleri anneleri ile paylaşmaktan çekinmezler... Bu paylaşımlar, pedagojik olarak olumludur ve gereklidir.

Ancak, erkek çocuklarında durum biraz farklıdır.

Erkek çocuklar, ergenliğe bir "haz" ile girerler. Daha önce hiç tatmadıkları bir duyguyu tadarak ergenlik dönemine adım atarlar.

Kızların ergenliğe adım atmasında haz yoktur. Bundandır ki kızlar, yaşadıkları değişiklikleri rahatlıkla anneleri ile paylaşabildikleri halde, erkek çocukların, yaşadıkları bu yabancı duygu karşısında "suçluluk" hissine kapılmaları muhtemeldir.

Sanki saklanılması gereken, yapmaması gereken bir fiil yapmış gibi bu duyguyu gizleme gayreti içine girebilirler.

Özellikle, baskın aile ortamlarında yetişen çocuklar, yaşadıkları bu duygusal değişikliği daha belirgince gizleme çabasındadırlar.

Bunun da ötesinde, çocuk ilk defa yaşadığı bu cinsel hazzı diğer yetişkin erkek ve kadınlarla ilişkilendirmeye başladığında, şaşkınlığa düşebilir. Özellikle, bu duyguları kendi anne babası ile de yorumladığında, çocuktan çocuğa değişmek üzere farklı seviyelerde hayal kırıklıklarına neden olabilir... Kendi içinde, "yani babam da mı..." "annem nasıl böyle bir şey yapıyor..." gibi sorularla çalkalanabilir. Bu sorular normaldir. Önemli olan ergenliğe ilk girişte gerçekleşen bu şaşkınlığın çatışmalarını asgari düzeyde tutabilmektir.

Bundandır ki, erkek ergen çocuklar ergenliğin ilk döneminde, babalarından bir süre uzaklaşır, anne ilişkisi daha sert olur, duygularını bastırmak için kendini oyalama davranışlarına sürükler.

Bu dönemde yaşanan şaşkınlığı kolay atlatmasını sağlayan en önemli ayrıntı, çocuğun yaşadığı bu tatlı hislerle de meşgul olmasıdır. Böylece çocuk kendi duyguları ile meşgul iken, anne babasının ve yetişkinlerin özel yaşamlarına odaklanmaktan ayrılır. Çevresinde gördüğü bir kızın kendisini heyecanlandırması, gece gördüğü rüyalar ve bütün bu hızlı değişikler yaşadığı duyguları başkaları üzerinde yeniden yeniden yorumlamasına da engel olur.

Böylece çocuk, ergenliğin ilk şaşkınlığını kendi duyguları ile meşgul olarak atlatır.

Bu dönemde çocuğun yaşayacağı temel sorun, tattığı bu lezzet duygusunu sürdürmek için kendini tatmine yönelmesi riskidir. Çocuk yaşadığı duyguları sürekli ve kendi isteği ile oluşturmaya başladığında, bir alışkanlık bozukluğuna düşme ihtimali oluşur. Bundandır ki, ergenliğin ilk sarsıntısı atlatıldıktan sonra çocuğa doğru bilgilerle cinsel konularda rehberlik yapılması hayati önem taşımaktadır.

Çocuk ne kadar erken ergenlik dönemine girerse ailesi ile çatışması o denli yüksek olur.

Çocuk ergenlikle tattığı bu duyguların normal ve yaşamın bir parçası olduğunu, çirkin duygular olmadığını fark ettiğinde ebeveyn çatışmaları da azalır. Duyguların kabullenilmesi ise stabil yaşama tekrar dönüşü sağlar.

İşte bütün bu gerçeklerden yola çıkılacak olursa, erkek çocukların ergenlik dönemine dair cinsel bilgilendirilmesinde bazı hususlara dikkat edilmesi gerekir.

1. Cinsel bilgilendirme, ergenliğin ilk çalkantılı dönemine denk gelmemelidir.
2. Çocuk cinsel haz ile tanıştığı ilk zamanda, rahat bırakılmalı, kendi duyguları ile kendisi baş etmeye çalışırken hırçınlıklarına ve agresifliklerine göz yummalıdır.

3. Çocuğun yaşadığı bu ilk şaşkınlıktan bir süre sonra sakinlik dönemi gelir ki, cinsel bilgilendirme işte bu dönemde gerçekleşmelidir.

4. Çocuğa verilecek ilk bilgiler arasında, cinselliğin çok güçlü bir duygu olduğu, bu duyguyu uyandırmamanın esas olduğu da bulunmalıdır. Uyandırılmış cinsel duyguların bastırılmasının daha zor olacağı anlatılmalıdır. Böylece çocuk kendi iradesi ile haz arayışına girişmesin.

5. Bu ilk bilgilendirmenin, baba veya baba yakını olan yetişkin tarafından yapılmaması tavsiye edilir. Zira çocuk bu dönemde, daha önce hiç tanımadığı bir haz ile tanışmış ve bu hazzı anlamlandırırken, kendi gözünde değerli kıldığı birçok kişiye sadece "cinsel gizli dünya" penceresinden bakmaya başlamıştır. Kendi anne babasının bu gizli(!) dünyasının şaşkınlığını yaşar. Çocuğun yaşama bakışını yeniden oluşturacak bu "geçici" dönemde iz bırakmamak için ve çocuğun babaya bakış açısının değişmemesi için, erkek çocuğa cinsel bilgiler baba tarafından verilmemelidir.

6. Bu ilk şaşkınlığı atlattıktan sonra, yaşadığı duyguların normal ve gayet insani hisler olduğunu kavradığında, çocuğun ebeveynine karşı tutumu da daha dengeli olmaya başlayacaktır

7. İşte ergen erkek çocuğun cinsel konular hakkında bilgilendirilmesi, tam da bu zamana denk gelmelidir. Çocuk, cinselliği salt bir "haz" olarak değil, gayet insani bir duygu olarak anlamlandırmaya başladığında cinsel bilgiler paylaşılmalıdır. Aksi halde, cinselliği henüz bir "haz" olarak anlamlandırdığı ilk ergenlik döneminde çocuğa cinsel bilgiler verilmeye çalışılırsa, çocuk tepkiselleşir, agresifleşir.

8. Çocuğa aktarılacak bu ikincil bilgi dönemi, çocuğun değer verdiği bir yetişkinle zaman zaman gerçekleşecek konuşmalarla olmalıdır. Ancak bu bir araya gelişlerin doğal ve kendiliğinden gerçekleşmesi gerekir. Özel seanslar düzenlemek, cinselliğe ait bir konu konuşmak için bir araya gelmek, çocuğun dengeye sokmaya çalıştığı duyguları denetlemesini ve yönetmesini zorlaştırabilir. Bu bilgilendirme konuşmaları güncel yaşam konuşmalarının herhangi bir noktasında başlayabilir ve nasıl bittiği fark edilmeden sonlandırılabilir.

9. Çocuğun bu dönemde ihtiyacı olan en önemli bilgi cinsel duyguların, diğer duygular gibi normal insani duygular olduğu ve fakat bu duyguların yönetilmesinin diğer duygulardan daha zor olduğu bilgisidir.

10. Cinsel duyguların güçlü duygu olduğu bilgisi çocuğa vakitlice aktarılmalı, bu duyguların sürekli aktif olmasının, önü alınmayacak bir yönelişi oluşturabileceği söylenmelidir.

11. Cinsel yaşamın kişinin kendi özeli olduğu, bunun kimseyle paylaşılmaması gerektiği bilgisi aktarılmalıdır.

12. Cinselliğin, aynı zamanda şefkat ve sevginin bir ürünü olursa insanı mutlu edeceği çocuğa tecrübe olarak aktarılmalıdır. Salt cinsel duyguların tatmini için yönelişlerin daha sonra hayal kırıklıklarına sebep olacağı anlatılmalıdır.

13. Cinselliğin, dini ve kültürel birtakım gerekleri de barındırdığı aktarılmalıdır. Cinsel özgürlüğün durdurulamaz bir yanı olduğu, cinselliğin aile içinde bir şefkat ilişkisi ile yaşanması gerektiği, dini, insani ve kültürel gereklerle anlatılmalıdır.

RUHSAL İNCELME

Kitabın buraya kadar olan kısmında, Mahremiyet Eğitimi'nin cinsellik boyutuna değinildi. Hâlbuki cinsellik Mahremiyet Eğitimi'nin sadece bir kısmıdır. Adım adım gerçekleşen Mahremiyet Eğitimi nereden başlar, nasıl ilerler?

Mahremiyet Eğitimi 3-4 yaşlarından itibaren başlar. Çocuğun doğuştan sahip olduğu ruhsal inceliğinin sürdürülmesi, Mahremiyet Eğitimi'nin ana hattıdır.

Ruhsal incelme, ince detaylara yoğunlaşmanın bir sonucudur.

Çocuklarda küçük kas gelişimini sağlayan ince işlerle uğraşmak Mahremiyet Eğitimi'nin en önemli kısmını oluşturur.

Çocuğun keyif alarak bir resmi boyaması... küçük parçaların yan yana gelmesi ile oluşan yapbozlarla kendi kendine meşgul olması... küçük, minicik oyuncakların ince detaylarına dikkat çekilmesi kişiliğin en önemli kazanımlarını oluşturur...

Çocukla birlikte çimenlerin üzerine uzanma, orada yürüyen karıncaları seyretme, onların da bir yaşamı olduğunu fark etme/fark ettirme... bir çiçeğin üzerindeki polenleri görebilme, renkler arasındaki uyumu seyredebilme duyguların derinleşmesine, ruhun incelmesine sebeptir.

Ruhsal incelme başlamadan, duyguların eğitiminin başlaması düşünülemez.

Birçok kişinin çevresinde koca bir yaşam akıp gittiği halde bunu görememesi... eşinin ağlamaklı bir halini hissedememesi... çocuğunun sesindeki değişiklikten onun kalbinin kırıldığını fark edememesi, ruhsal inceliğin olmayışının dışa vurumudur.

Bundandır ki, ebeveynler erken çocukluk döneminden itibaren çocukları ile kaba, gürültücü, bağırtı çağırtı içinde bir ilişki içinde olmamalı; küçük, ince ayrıntılara odaklanılmış, sakin bir iletişim zemini hazırlamalıdırlar.

Sürekli açık olan bir televizyon, müzik ve internet ortamında çocuk ruhsal incelmeler elde edemez...

Ruhsal incelme elde etmeden, nezaket ve zarafetin ilk adımı atılamaz.

Çocuğun ruhsal incelmesini sağlayacak faaliyetlerden biri, evcil hayvanlardır.

Özellikle kedi, ruhsal incelme için bulunmaz bir fırsattır.

Kedinin tüyleri, kendine has ciddi duruşu, sevecenlik arzusu, çocukla kuracağı bağ, onun duygusal kazanımları açısından önemlidir.

Ruhsal İncelme Neden Önemlidir?

Kişi ruhsal incelme sayesinde duyguları ile iletişime geçer.

Duyguları ile iletişime geçen kişi duygularını "anlamlandırabilir" ve anlamlandırabildiği duygularını "yönetebilir."

Kişi tanımadığı duyguları yönetemez.

Bu bir kendini "fark etme" halidir.

Duygularında farkındalığı kazanmış çocuk, o duygulara isimler koyabilir. "Üzülme, kızma, rahatsız olma" gibi iç duyuşları fark edebilir...

Örneğin kendine izinsiz dokunulduğunda bu davranıştan "rahatsız olma" duygusunu içinde duyabilir... Eğer duygusal güçlülüğe de sahipse rahatsızlığını dile getirebilir.

Ancak, hem duygusal olarak zayıflatılmış, hem de kendi ruhsal incelmelerini kazanamamış çocuklar zarara uğrasalar, zarara uğradıklarını fark edemez ya da fark etseler de uğradıkları bu zarardan kurtulmak için bir eyleme geçemezler.

İlerleyen sayfalarda adım adım tarif edileceği üzere Mahremiyet Eğitimi sağlıklı yürüyen bir çocuğun bedenine "izinsiz" dokunmak onda rahatsızlık oluşturur. Bu rahatsızlık hissi onun kendini korunaklı tutmasının temel duygusudur... Üstelik bu çocuk kendini koruduğunun dahi farkında değildir, o sadece kendisine saygısızca davranıldığını hissettiğinden dolayı doğal bir içsel tepki oluşturmuştur, o kadar...

Ebeveynler çocuklarını "Yabancıdan çikolata alma", "Başkasının arabasına binme", "Tanımadığın biri seni çağırırsa gitme" diye tembihlerler.

Hâlbuki Mahremiyet Eğitimi'yle donanmış çocuk, böylesi bir tembih almasa da, kendisine uzatılan bir çikolatanın sahibinin bakışından anormallik sezer, kendisini boş bir alana götürmek isteyen kişinin davranışlarından içsel bir tepki oluşturur.

Bu açıdan bakıldığında, Mahremiyet Eğitimi, çocuğun aklına değil, duygularına hitap eden bir eğitimdir.

Ona saygın davranılarak, saygısızlık yapıldığını hissedebilecek kıvama getiren bir saygınlık eğitimidir.

Hisleriyle değil de akıl yoluyla kendini korumayı öğrenen çocuk kendisine yönelebilecek olumsuzlukları fark edemeyebilir.

Ruhsal incelmeleri dikkate alınmadan, sadece akıl vererek çocuğa kendini korumayı öğretmek, onu sosyal yaşamda çekingen kılabilir...

Kendisine bir teyzenin uzattığı sevgi dolu ikramı almaktan korkabilir... Ona adını soran bir yetişkine karşı kaygı dolu bir tepki oluşturabilir.

Hâlbuki çocuk ruhsal incelmelerle başlayan ve daha sonra adım adım gerçekleşecek olan saygınlık eğitimini de alırsa, çevresinde kendisine yönelebilecek olumlu ve olumsuz davranışları sezinleyebilecek bir yeteneğe sahip olacaktır.

Zarafet ve Nezaket Kalıcıdır

Kral, çok değer verdiği kızını daha erken yaştan itibaren ince bir ruhla yetiştirir...

Tam okul çağı gelmiştir ki, çocuk saraydan çalınır...

Kral ne kadar arasa da, kızını bulamaz...

Aradan yıllar geçse de, kral ve eşi kızlarını aramaktan vazgeçmemişlerdir...

Bir gün kralın yolu dağ başında çadırlar içinde yaşayan köylülerin yanına düşer...

Kalabalıklar içinde bir genç kız dikkatini çeker...

Yürüyüşü başkadır bu genç kızın, gülüşü başka...

Çevresindekiler ne kadar kaba olsa da bu kızın davranışları kaba değil, incedir...

Kral umutlanır... "Bu kız benim kızım," diye düşünür ve kızın yaşadığı çadıra misafir olur...

Çadırın sahibi krala ikramlarda bulunur.

O esnada Kral'ın gözü sürekli bu kızdadır...

Kral'ın eşi yanlarında getirdiği bir hediyeyi, kıza ikram eder...

Kız, hediyeden çok mutlu olur, sıcacık bir tebessümle teşekkür eder...

Bu sıcacık sima, o çadırdaki diğerlerinde yoktur... Diğerlerinin simaları donuk ve gergindir... Kral içten içe bu kızın bu ailede yetişmemiş olduğunu düşünerek umutlanır.

Kız, kendisine verilen hediye paketini açarken, parmakları incecikten dokunur hediyeye...

Sakince ve özen göstererek paketi açar... Hediyeyi alır... Mutluluğu yüzünden okunmaktadır...

Kral'ın artık tereddüttü azalmıştır, bu kız onun nezaket içinde yetiştirdiği kızıdır...

Emin olmak için son kez kıza seslenir; "Kızım bana bir su verebilir misin?"

Kız, bir bardak su ikram eder misafirlerine...

Kral tam suyu yudumlayacaktır ki, suyun üzerinde ince bir saman çöpü görür...

Hayal kırıklığı yaşar...

Böylesi ince ruha sahip bir kızın, misafire ikram ettiği bardağın içindeki saman çöpünü görmemesi onu yıkar...

Suyu içtikten sonra, müsaade isteyip kalkarlar...

Tam çadırdan çıkmak üzere iken, kral kıza sorar; "Kızım az önce senden bir bardak su istedim. Teşekkür ederim getirdin, ikram ettin. Ancak getirdiğin suyun içinde bir çöp vardı..." der..

Kız; "Efendim, beni bağışlayın. O saman çöpünü ben bilerek koydum. Siz içeri geldiğinizde terli idiniz. Bizim buraların suyu soğuktur. O terli halinizle suyu yudumlarken boğazınızı üşütmeyesiniz diye, su bardağına, temizlediğim küçük bir saman çöpünü koydum. Siz o çöpü yutmamak için suyu yavaş yavaş içmek zorunda kaldınız... Niyetim sizi incitmek değil, sağlınızı korumaktı" der...

Böylesi bir ruhsal inceliğe sahip olmak, çocukluk döneminin bir kazanımıdır. Kişi çocukluk döneminde elde edeceği ruhsal incelmeleri ve nezaketi aradan yıllar geçse de, üzerinde taşır.

Bunun aksi olarak, çocukluk döneminde kendisine kaba ve saygınsızca davranılmış çocukların, ilerleyen yıllarda bu ruhsal inceliği yakalamaları oldukça zor olacaktır.

Zarafet Edinimi Hangi Yaş Döneminde Kolaydır?

Zarafet çocuklarda en kolay 3-7 yaş döneminde edinilir.

Bu dönemde çocuğun ruhu bedeni ile zaten kaygısız bir bütün halindedir...

Eğer çocuk kaygılandırılmazsa ve mizacını yaşamada özgür bırakılırsa duygusal incelme yaşar, duygusal incelme yaşadığı kadar da zarafet sahibi olur.

Örneğin, çocukların zıplaması, hoplaması her ne kadar bedeni hareket olarak görünse de, bu, ruhsal kıpırtıların bedenle dışa vurumudur aslında...

Ruhun heyecanı karşısında bedenin hareket halidir... Çocuk içinde coşku yaşarsa bedeni de o coşkuya zıplayarak, koşarak, yatıp yuvarlanarak eşlik eder...

O yüzdendir ki çocuk yorulsa da durmaz, zira ruh yorulmaz...

Ruhun yorulması bedenin yorgunluğu ile değil, kaygı iledir.

Ruh, ancak kaygılandıkça yorgunlaşır, coşkusunu ve bedeni kıpır kıpır hareket ettiren enerjisini kaybeder.

Burada bir başka konuyu da izah etmekte fayda var, günümüzde birçok çocuk "hiperaktif" diye işaretlenmekte ve doktor tedavisine yönlendirilmektedir. Hâlbuki mutlu çocuğun ruhu yerinde durmaz, bedeni kıpır kıpır hareket eder.

Çocuğun ruhundaki bu kıpırtıları hesaba katmadan, ona; "yerinde hiç oturmuyor" demek çocuk ruhuna haksızlıktır.

Mademki ilk 7 yıl çocuğun ruhu bedeni ile zaten bir bütündür, çocuğun bedeninde gördüğümüz her güzellik ve esneklik ruhun bedendeki yansımasıdır, o halde Mahremiyet Eğitimi, çocuğun ruhundaki bu kazanımın korunmasını gerektirir... Onun doğal coşkusunu engellememek, ruhun heyecanını bedenine yansıtmasını bir kazanç olarak görmek gerekir.

Çocuğun coşkusu engellendikçe ruhta kaygı oluşur. Kaygılı bir ruh, içe kapanır. Kendini simada, beden dilinde göstermez... Böylece ruhun bedende görünürlüğü azalır. Beden ruhun coşkusunu yaşamak yerine, zarara uğramamak için kendini kontrol etmeyi öğrenir. Bu kontrol etme çabaları ne kadar başarılı olursa, çocuğun duygularını o kadar bastırıyor olduğunun işaretidir. Bastırılmış duygularda ise içsel bir nezaket beklenemez.

Yeniden Zarafet...

Birçok anne baba çocuklarını yetiştirirken yaptıkları hataları görüp, bunların telafisinin mümkün olup olmadığını sorarlar.

Asıl olan bir davranışın çocukluk yıllarında kazanılmasıdır. Bu dönemde zarafet ve nezaket kazanmak oldukça kolay ve kalıcıdır.

Ancak çocukluk döneminde elde edilememiş kazanımlar için "her şey bitti artık" demek mümkün değildir. Yeniden zarafet tabii ki kazanılır. Bunun için biraz fazla çaba sarf edilse de, kalıcılığı için daha uzun uğraşlar gerekse de, yeniden zarafet her yaş dönemi için mümkündür.

Nezaket ve zarafetin en önemli özelliği, duyguların incelmesi, detayları fark edebilmek, ayrıntılara ruhen erişebilmektir.

1. Yeniden kazanılacak zarafetin başlangıç noktası, "ince ayrıntılara yoğunlaşmak"tır.

   Örneğin, kişi müzik dinlerken ince seslere odaklanır ve ince tınılar arasındaki nağmelere yoğunlaşırsa; bu, ruhun incelmesini, ruhun bedene yeniden yakınlaşmasını sağlar.

   Kaba olduğu düşünülen kişiler genellikle hızlı ritimli, sert ve yüksek sesle müzik dinlerler.

   Hâlbuki zarafet sahibi olmanın en temel şartı, sükunet içindeki ortamlarda ince ayrıntılara yoğunlaşmaktır.

2. İşitme, nezaketin en önemli kısmıdır. Zira ruhsal incelme, işitmedeki incelik ve derinlikle ilişkilidir. Örneğin, kişinin yalnız kaldığı bir sırada gözlerini kapatıp dışarıdaki kuş seslerini duymaya çalışması, zarafet eğitimine de katkı sağlar. Ruh bedene yaklaşır, bedenle sanki barışır... Sakinliğin içinde sessizliğin derinliği kişiyi adım adım zarafete taşır.

3. Sadece işitme değil, koku da kişide zarafeti yeniden oluşturacak etkenlerden biridir. Kaba kişilerin en belirgin özelliği, güzel kokuyu duyamamaları, derin bir nefesle içlerine çekememeleridir. Böyle kişiler için "koku, kokudur", abartmaya gerek yoktur. Hâlbuki

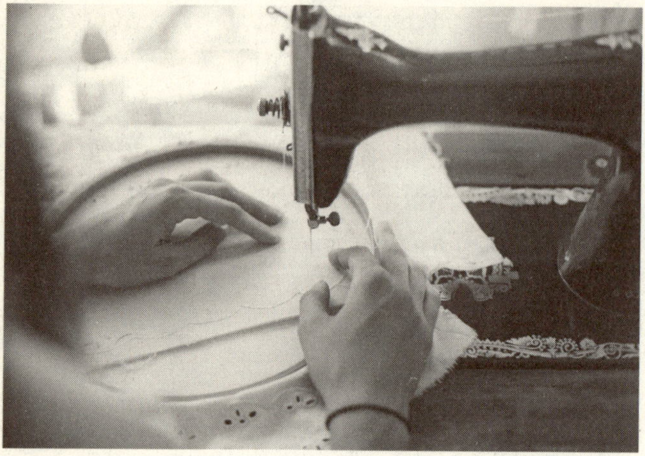

burnun içindeki koku alıcı sensörler, öyle ince ayrıntıya kadar güzel kokuları algılayacak düzeydedir ki kişinin kokuyu duyamaması, yaşama dair bir kapısının kapalı olmasından farklı değildir. Zarafeti yeniden yakalamaya çalışan kişi, güzel kokuları derin nefeslerle içine çekmeyi bir alışkanlık haline getirmelidir. Evrenin kendine has kokusundan tutun, bir bebeğin kokusuna kadar, insan koku alıcılarıyla yaşama tebessüm etmeye başlayabilir. Bu durum, kişinin yaşama tutunmasını sağlayacağı gibi, ruhun buruna doğru ilerlemesi ve orada tutunması anlamına da gelir.

4. Bunun yanı sıra, kendi bedeninde ruhunu yeniden canlandırmak isteyen bir insanın, dokunma duyusunun yardımına da ihtiyacı vardır. Duyarsız ve kaba kişilerin en belirgin özelliklerinden biri dokunsallıklarını kaybetmiş olmalarıdır. Böyle kişiler genellikle tensel temastan kaçınır, kendilerini güvensiz hissettikleri için dokunsallıklarla elde edilecek lezzetleri duymazlar. Örneğin, yürürken "tıp tıp" ederek yüzlerine damlayan yağmur bile onları rahatsız eder. Elleri inceliğini kaybetmiştir, iş yaparken küçük ayrıntılardan sıkılır hale gelmişlerdir. Parmakları iğne deliğinden geçirilecek bir ip konusunda hassasiyetini yitirmiştir. Kendi tenlerinin dışında bir sıcaklığa dokunduklarında ürperti duyamazlar. Evlidirler, ancak eşlerinin ellerini tuttuk-

larında onların sıcaklığını hissedemezler... Hâlbuki insan kâinata teniyle en çok temas eden canlıdır. Ruh, tenden kendini çektiğinde, ten sulanmamış bir tarla gibi solar. Sentetik bir yapıya bürünür. Doğal esneklik gider, yerine bloklar halinde hareket eden

bir vücut gelir... Dokunsallıkta inceliği kaybetmiş kişiler, tensel temas egzersizleriyle yeniden tenlerini canlandırabilirler. Örneğin kişi, içlerinde benzer sıcaklıkta su bulunan dört bardağa gözleri kapalı halde parmaklarını sokarak hangisinin daha serin/sıcak olduğunu hissetmeye çalışabilir. Bir yardımcı vasıtasıyla bardaklar her seferinde değiştirilerek bu duyuşlar derinleştirilebilir. Ya da farklı sertlikteki beş kumaş parçasını avuç içi büyüklüğünde kesip bunların hangi kumaşlara ait olduğunu tahmin etmeye çalışabilirler. Bir kot kumaş parçası, bir pamuklu kumaş parçası ve bir keten kumaş parçasını gözleri kapalı halde parmak uçlarıyla hissetme ve tanıma egzersizleri yapabilir kişi. İnsan parmaklarıyla dokunduğu yeri hissetmeye çalıştıkça, ruhu oraya akar. Ruh parmaklarda kendini görünür kılmaya başlar. Bu sayede kişinin parmak hareketlerinde bir estetik, bir zarafet oluşur. Farklı dokunuşlarla uyanışlar yaşayan kişinin yüz hatları esnekleşir, ruh simada yeniden görünmeye başlar. Özellikle günümüzde yüz maskeleri ve masajlarının yoğun ilgi görmesine bir de bu açıdan bakmakta fayda var...

5. İşitme ve dokunmanın yanı sıra, ruhun tutunduğu bir başka nokta daha vardır ki bu nokta en çok çocukluk döneminde zarara uğrar: Tat alma duyusu... Birçok anne-baba çocuklarını yemek yedirmeye zorlarken aslında onların tebessümlerini kaybettirdiklerini bilmezler. Hâlbuki tat alan tebessüm eder... Acele yemek yemek, karın doyurmak üzere yemek yemek, damak tadını almadan yemek yemek, kişiye yemek masasında zarafetini kaybettirir. Böyle çocukların, saldırır gibi yemek yerken, aslında nezaketlerini de kaybettikleri bir gerçektir. Hâlbuki yemek yenmez, yemek tadılır. Çok yemek değil, farklı tatları tatmak olmalıdır yemekteki anlam... Kişi dudaklarına götürdüğü bir yiyeceği tadarken, gözlerini kapatıp bu lezzeti bütün vücudunda hissederken dudaklarına da bir tebessüm yayılır. İşte bu tebessümdür, ruhun artık dudaklarda da görünmeye başladığının kanıtı. Dudakların kendi doğal tebessümünü yeniden kazanması, tat alma egzersizleriyle mümkündür. Ağıza alınan bir çileği, diliyle damağı arasına sıkıştıran kişinin, çileğin tatlı suyunu ürpererek bütün vücudunda duyması, ruhun bedene yayılmasından başka bir şey değildir. Ağıza alınan yiyecekleri hızla yemek yerine, tadına vararak yemek ve hatta zaman zaman gözleri kapatıp tatların farkını duyumsayarak yemeğe devam etmek, zarafeti de beraberinde getirir.

6. Bütün bu egzersizlerin yanında kişi, bakışlarında derinliği elde etmelidir. Baktığı şeyi görmek üzere bakışlarını yavaşlatmalı, gördüğü şeyin ince ayrıntısına

kadar erişmeli... Gördüğü şeylere vakit ayırmalı... İçsel derinlik elde edebilmesi için, gözü ile tutunduğu şeye eli ile de temas etmelidir.

7. Yeniden zarafet kazanmanın en önemli unsuru, kişinin kendisi ile barışık olmasıdır. Kişi kendini beğenmediği, kendi ile bir memnuniyetsizlik ilişkisi içinde ise, zarafete erişemez. Kişi ancak kendi saygınlığını elde ederse zarif olmaktan keyif alır. Bir kişinin kendi saygınlığını hissedebilmesi için, üzerindeki "değersizlik" hissinden sıyrılması şarttır.
8. Bütün bunlar ruha ait kazanımlardır. Ancak çocuğa çocukluk yıllarından sonra elde edilmesi beklenilen zarafet için eşya ve insanlarla nasıl ilişki kurulması gerektiğine dair "nezaket kurallarını" da öğretmek gerekecektir. Çocukluk yıllarında elde edilecek zarafetin doğal kazanımı eşya ve insan ilişkilerinde saygınlık olsa da, çocuklukta elde edilmemiş zarafet için, eski davranışların terk edilip yeni davranışların eğitimi de verilmelidir. Örneğin, kapalı bir paketi hızla açmayı öğrenmiş bir çocuğun, bir süre sonra bu davranışını zarafet ölçüsüne getirebilmesi için, paketin nasıl açılması gerektiğini anne babasından duyması, bir örneği ile yaşaması, bu yeni davranışın içselleşebilmesi için de, çevresindeki kişilerin de benzer davranışlar sergilemesi şarttır.

İnsan Hissedebildiği Kadar Yaşar

İnsan hisleriyle yaşar dünyada. Bedeniyle varmış gibi görünse de beden ruhun dünyaya dokunabilme aracıdır sadece... Yaşamdan lezzet alan beden değil, ruhtur.

Ruh beden aracıyla buluşamazsa, kişi yaşadığı dünyadan lezzet alamaz.

Dünyaya dokunamaz, eşyaya temas edemez, evliliğini anlayamaz, anneliğini yaşayamaz, hislerini fark edemez, meyvenin lezzetini alamaz, renklerin arasındaki uyumu göremez, tınılar arasındaki farklılıkları algılayamaz... Sadece fiziken yaşam içindeki yerini alır.

Çocuğun hem bedeni hem de ruhuyla var olabilmesi için daha erken yaşlardan itibaren kendini emniyette hissetmesi gerekir ki ruh bedenden kendini ayırmasın, kendini yaşamdan koparmasın...

İşte bundandır ki mahremiyet eğitiminin temelinde de çocuğun ebeveyniyle "güvenli bağlanması" vardır. Çocuğu ona saygınlık duyarak yetiştirmek, insan olmaktan ileri gelen değerliliğini hissettirmek, mahremiyet eğitiminin de özünü oluşturur. Çocuğun kendine ait bir bedeni, kendine ait bir ruhu olduğunu kabul etmek; bu bedene dokunurken, o ruha erişirken "hoyratça" değil, "saygınca" davranmak; hem zarafet eğitiminin hem de mahremiyet eğitiminin özünü oluşturur...

Ebeveyn çocuğa, "Senin iznin olmadan fiziğine müdahale etmeyeceğim. Duygularına da hoyratça dokunmayacağım," hissini verdiğinde çocuk kendini emniyette hissetmeye başlar. Ancak bu şekilde çocuğun ruhu, bedeniyle bütünleşir.

RUHUN KENDİNİ EMNİYETTE HİSSETMESİ

Saygın insanların en önemli özelliği hem kendilerinin hem de başkalarının sınırlarını bilmeleridir. Bu eşi de olsa, kendi çocukları da olsa…

Sadece fiziksel sınırlar değil, kişinin duygularına dokunurken, ona hitap ederken sınırların aşılıp aşılmadığını hissedebilmek ancak nezaket sahibi kişinin yaşam tarzıdır.

Çocukluk döneminde ebeveyninden bu saygınlık sınırlarını almış çocuklar, kendi duygu dünyalarına sessizce ve izinsizce giren kişileri fark eder, onlardan rahatsız olurlar. Örneğin, kendilerine anlatılan uygunsuz bir fıkranın, iç çekme, dudak ısırma gibi "taciz" ifade eden davranışların ne anlama geldiğini bilmeseler de rahatsız olurlar.

Mahremiyet eğitiminin ana unsuru, çocukların kendi sınırlarını erken dönemden itibaren tanımasıdır. İnsanın fiziksel, duygusal ve zihinsel olmak üzere 3 aura (kişilik sınırı) alanı vardır. Kişilik, çocuğun kendi aurasını oluşturabilme özgürlüğüne kavuşmasıyla şekillenir. Yukarıda

Kişilikli ve nazik bir insanın en belirgin özelliği hem kendi hem de başkasının sınırlarını bilmesidir.

olduğu gibi (kitabın ilerleyen bölümlerinde de izah edileceği üzere), öperken çocuğun iznini almak, fiziksel aura oluşturmasını kolaylaştırır.

1. Fiziksel Aura

Fiziksel aura, kişinin, kendisine belli bir mesafeden daha yakına birinin izinsiz gelmesinden hoşnut olmama hissine erişmesidir. Çevresinde görünmez kişilik alan sınırları izinsiz aşıldığında bunu fark edip rahatsız olması durumudur.

Eğer bir ebeveyn çocuğun bu fiziksel kişilik sınırlarını önemsemiyor, ihlal ediyor, umursamıyor, kişilik alan sınırları içine istediği gibi girip çıkıyorsa çocukta mahremiyet hissinin oluşumu engellenir.

Biz, anne-babalara, "Çocuğunuzun odasına girerken kapıyı çalın, eşyalarını onlardan izin almadan başka birine vermeyin, onları öperken zaman zaman izin isteyin" tavsiyelerinde bulunuruz. Burada amaçlanan, çocuğa aurasını fark ettirmek, hissettirmek, göstermek, öğretmektir. Hissettirilen bu alan, ileride çocuğun yaşamındaki kişilik sınırlarını oluşturacaktır. Çocuk gelecekte kendine zarar vermek isteyenlerden bu yolla korunacaktır.

Mahremiyet eğitimi dediğimiz şey de aslında budur. Çocukluk yıllarından itibaren 3 aura alanının örülmesine izin verilmiş çocuklardır mahremiyet eğitimi alabilenler.

Unutmamak gerekir ki çocukluk dönemi, his edinim dönemidir. Mahremiyet de bir histir.

Aura ise his oluşumu için en gerekli pedagojik araçtır. Anne-babanın çocuğa yaklaşımı, çocuğuyla iletişim kurarken arada bıraktığı mesafe, "Seni öpebilir miyim?" diye izin alması çocuğa mahremiyet hissi kazandırır.

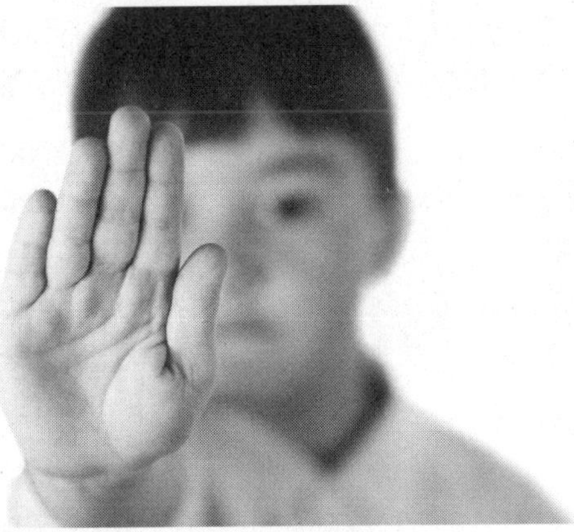

Örneğin, mahremiyet hissi olmayan, auralarına saygı duyulmayan bir çocuğu yabancı bir adam çağırır. "Gel bakayım. Aa bu oyuncak senin mi? Ver bakayım onu bana," diye elini uzatır, "Gel istersen, bak böyle dizime otur. Oyuncağına bir bakabilir miyim?" der. Çocukta aura bilinci yoksa yabancı adamın kendi sınırlarını ihlal ettiğini hissetmez. Yaşadıklarına itiraz etmez, rahatsız olmaz. Çünkü kişisel sınırları, çok daha önce anne-babası tarafından kırılmış ya da hiç oluşturulmamıştır.

Çocuklarını suiistimalden korumak isteyen ebeveynler, onların auralarını oluşturmalarına izin vermelidir. "Aman parkta seni yabancı bir amca çağırıp şeker verirse alma. Gitme kimsenin yanına. Sakın dokundurma kendine. Seni alıp kaçırırlar. Bizi göremezsin bir daha," demek çocuğa mahremiyet hissi kazandırmaz, onu sosyal yaşamda korkak hale getirir yalnızca.

İster dedesi, babası, amcası olsun ister başka biri; tanımadığı biri "Seni öpebilir miyim?" dediğinde çocuk kendini güvende hissetmiyorsa, bunu fark edip "Hayır," diyerek rahatsızlığını dile getirip sınırlarını çizmelidir.

Bizzat karşılaştığım bir örnek... Bir gün bir çocuk marketten alışveriş yapmak üzere sırada, önümde bekliyordu. Süt almıştı. Avucundaki bozuk paraları sıkı sıkıya

Aurası sürekli ihlal edilen çocuklar, bir başkasının da aurasını fark edemez.

tutuyordu. Sıra çocuğa geldiğinde kasiyer, sütü çocuğun elinden pat diye alarak fiziksel aurasına girdi.

Kasiyer, her müşterisine alışverişin kaç lira tuttuğunu açıkça belirtirken, sütün ne kadar tuttuğunu söylemeden çocuğa, "Kaç lira getirdin canım? Ver bakayım elindekileri," dedi. Çocuk avucundaki paranın tamamını kasiyere uzattı. Kasiyer o bozuk paralar içinden sütün parasını alıp geri kalanını çocuğun avucuna bıraktı. Kasiyerin bu davranışı, çocuğun fiziksel aurasına girmek demektir. Hâlbuki kasiyer, yetişkinlere nasıl davranıyorsa o çocuğa da aynı şekilde davranmalıydı.

Bu olaya ilk bakışta kasiyerin çocuğa ne kadar güzel ablalık yaptığı düşünülebilir. Ancak kişilik gelişimi ve çocuğun auralarını bilmesi açısından yaşananlara baktığımızda durum oldukça farklıdır. Çünkü kasiyer tüm bu davranışlarıyla çocuğun aurasını ihlal etmiştir.

Aslında buradaki doğru davranış, adım adım aşağıdaki şekilde olmalıdır:

1. Çocuk kasaya geldi.

2. Süt şişesini yürüyen banda koydu. (Bunu yapamadıysa biraz beklemek gerekirdi. Çünkü onun henüz yeterince yaşam tecrübesi olmayabilir.)

3. Kasiyer ürünü aldı. Barkodunu okuttu ve çocuğa vermesi gereken ücreti "1 lira 10 kuruş" diye söyledi. (Böylece çocuk kendini değerli hisseder.)

4. Çocuk avucunun içinde ne kadar para olduğunu bilmeyebilir. Bu nedenle avucundaki paraları olduğu gibi kasiyere uzatsa bile kasiyerin, "Ben sayabilir miyim?" diye izin istemesi mahremiyet eğitiminin bir şartıdır. Çocuğun avucundaki parayı öylece almak, mahremiyet

eğitiminin fiziksel aurasına zarar verir. Bu anın önemi kasiyerin izin istemesinden çok, çocuğun izin vermesine dayanır. Çocuk izin verirse, yalnızca kendisine ait bir eşyaya başkasının dokunmasının izin gerektirdiğinin farkındalığını kazanır.

Fiziksel Auranın Yıkılması

Burada üstünde durulacak bir husus da aurası sürekli ihlal edilen çocukların bir başkasının aurasını fark edememesidir.

Kardeş kavgaları, okul arkadaşının eşyasına zarar vermeler veya yetişkinlerin iki araçlık park yerinin tam ortasına park ederek iki alanı da işgal etmesi, bankada para çekmek için sıraya girmiş kişilerin bir öndekine fazla yaklaşması, eşlerin birbirlerinin eşyalarını izinsiz karıştırması, kendi kişilik aurası örülmemiş kişilerin, diğerlerinin kişilik alanlarına hassasiyet gösterip fark edememesinden başka bir şey değildir.

Mahremiyet eğitiminin hangi aşamalardan oluştuğunu, hangi içsel karşılıklarının bulunduğunu, çocuğu olsun olmasın, herkes bilmelidir ki toplumumuzdaki çocuklar zarara uğramasın... Maalesef bu konuda yetişkinler; çocukların mahremiyet duygularını, kişilik gelişimlerini, nezaketlerini, zarafetlerini zarara uğratalım ve kaba insanlar yetiştirelim diye birbirleriyle anlaşmış gibiler...

Fiziksel Aura Mesafesi

Burada şu temel soru akla gelebilir: Ne kadarlık bir mesafe, çocuğun kişisel aurası olarak kabul edilmelidir?

Fiziksel aurası işgal edilmiş çocukların mahremiyet hissi zayıf, duygularındaki derinlik azdır.

Eğer ebeveynler çocuğa kendi çapında 25-30 santimetrelik daire çizer, bu mesafeden onlarla zaman zaman fiziksel temas kurar, haricinde çocuklarına müdahale etmezlerse, ruhun bedenle bütünleşmesi kaygısızca sürdürülebilir.

Anne-baba çocuğa yaklaşırken, gözlerine bakıp konuşurken dahi bu mesafeyi korumalıdır. "Sen buradan itibaren özgürsün. Sana dokunmayacağım. Sana kendi istediğim şekilde, hoyratça davranmayacağım. Bedenini özgürce ruhunla bütünleştir" mesajı böylece çocuğa verilmiş olur.

Anne-baba tarafından oluşturulan bu saygınlık sınırı, dışarıdaki kişilerin de ancak bu kadar yakınlaşabileceği tecrübesini yaşatır çocuğa. Bundan sonraki ilişkilerinde de çocuk bu mesafenin gözetilmesini bekler.

Bu saygı sınırı başkası tarafından aşılmaya başladığında ruhunun hiç de alışık olmadığı bir durumla karşılaştığını hisseden çocuk rahatsız olur, kendini korumaya çalışır ki mahremiyet eğitimi işte budur: Çocuğun rahatsızlık duyduğu bir anda kendine korunaklı bir alan araması.

Bu noktada anne-babalar çocuklarına, "Düzgün dur, düzgün otur, utanmıyor musun öyle yapmaya... Ahlaksızlık yapma!" gibi sözel şiddetle yaklaştıkları için duygusal auralar kırılır, "utanç" duygusuyla kendini sakınan çocuklar oluşur. Sosyal çevre tarafından utandırılan bu çocuklar, kendi başlarına kaldıklarında genellikle duygularına yenik düşerler. Hâlbuki mahremiyet eğitimiyle kendi saygınlığını kazanmış kişi, başkasından dolayı değil, kendine olan saygısından ötürü anormal davranışlardan kendini korur.

Başkaları tarafından sürekli fiziksel müdahalelere maruz kalan çocuk; bedenini ruhunun kontrolüne vermez, onu hep korunaklı tutmaya çalışır. Böylece ruhsal bütünlüğünü sağlayamaz. Örneğin, kolundan tutulup sürüklenen, itilen, kucağa alınmak için çaba sarf ederken ebeveyni tarafından reddedilen, tüm gelişim evrelerinde aşırıya kaçacak şekilde yere yatırılarak, fiziksel temas kurularak sevilen bir çocuğun ruhu, bedenini özgürce yönetemez.

Başkaları tarafından sürekli fiziksel müdahalelere maruz kalan çocuklar, bedenini ruhunun kontrolüne vermez.

Fiziksel aurası işgal edilmiş çocukların mahremiyet hissi zayıf olduğu gibi, duyguları da derin değildir. Çünkü fiziğini koruma kaygısı, kişinin ruhuyla olan temasını kaybetmesine sebep olur.

Özellikle okul yaşamı sırasında çocukların auralarının zarara uğradığı yadsınamaz bir gerçektir. Yazısı düzgün olmayan çocuklar, sorulan soruyu cevaplayamayan çocuklar, arkadaşıyla şakalaşırken öğretmene yakalanıp cezalandırılan çocuklar, mahremiyet hissi gelişmemiş, mahremiyet sınırları aşılan çocuklar, günlük yaşamda maruz kaldıkları kişilik oluşturma engellerinin birer sonucu olarak görülebilir.

Hâlbuki çocuk eğri, yanlış, çirkin yazabilir. Ebeveyn oğlunun-kızının parmaklarını tutup yazdırmaya çalışırsa, çocuk elbisesini ters giydiğinde "Bu nasıl elbise giymek böyle!" diye elbisesini ondan izinsiz, zorla çıkarırsa, yemek yemeyen çocuğun burnundan tutup ağzına zorla yemek koymaya çalışırsa, bu baskılarla istediğini elde edebilir belki, ancak çocuğun fiziksel auralarını, mahremiyet hissini zarara uğratmış olur.

Böylesi durumlarda bir ebeveyn kenarda sükunetle beklemelidir. "İzin verirsen ben gösterebilir miyim sana?" diyebilir bir süre sonra. "İzin verirsen" kısmı fiziksel aurayı

Oğluna-kızına çok düşkün ebeveynler çoğunlukla çocuklarının mahremiyet hissini zarara uğratır.

oluşturmak, çocuğun suiistimal edilmesinin önüne geçmek için çok önemlidir.

Mahremiyet hissi zarara uğramış çocukların büyük kısmı, çocuğuna çok düşkün anne-babaların çocuklarıdır. Böyle anne-babalar çocuklarına olan düşkünlükleri nedeniyle onların auralarını işgal ettiklerini fark edemezler. Onlar için çocuklarını doyurmak, ayakkabılarını bağlamak, gömleklerinin düğmelerini iliklemek zor değildir, aksine keyif verir... Çocuklarının yanlış yapmasına tahammül etmezler, ders çalışıp çalışmadıklarını her an denetim altında tutarlar. Çocuğun kontrolü kendinde değil, ebeveynindedir. Böyle çocuklar kişilik sınırları oluşmadan yaşama adım atar, aşamadıkları birçok problemle yüzleşmek durumunda kalırlar. Çocuğuna çok düşkün ebeveynler bu süreçte kendilerini değil, yine çocuklarını suçlarlar.

Hastalık vb. durumlarda ebeveynin anlık giriş-çıkışları olabilir. Örneğin, çocuk hastadır ve yerinden kalkamıyordur. Böyle bir durumda ebeveyn çocuğunu giydirir, ihtiyaçlarını karşılar. Ama bunları yaparken yine de izin almalıdır. İzin alınmadığı takdirde mahremiyet hissinde büyük bir yırtık oluşmaz ancak çocuk istememesine rağmen, ebeveyn ısrarla bazı davranışları sürdürdüğünde mahremiyet hissi zayıflar.

Çocuk kendiyle ruhen bütünleştirdiği eşyalara karşı da aynı zamanda bir aura örer. Eşyalarının izinsiz alınması, kötü muameleye tâbi tutulması, başkasına verilmesi de çocukta fiziksel aurasına girilmiş gibi olumsuz bir his oluşturur. Ayrıca kendine ait eşyaların izinsiz paylaşılabileceği, kullanılabileceği kanaati de oluşur. Burada çözülmeye başlayan bir auradan rahatlıkla bahsedebiliriz.

Hâlbuki çocuğun eşyaları değiştirilecekse, katlanacaksa, yerleştirilecekse mutlaka çocuğa haber verilmelidir. Çocukların bazıları inat edebilir, karşı koyabilir. Aslında bu ebeveynle çocuğun cilveleşmesinden başka bir şey değildir. Çocuk ruhu normal şartlar altında kendisine yardımcı olacağından yetişkinlerle işbirliğine açıktır. Ancak bazen çocuk kendi sözünün ne kadar geçerli olup olmadığını test edebilir, "Hayır, yapma" diyebilir. Çocuğun buradaki amacı, sözünün ebeveyni tarafından ne kadar dinlendiğini sınamaktır. Anne-baba, bu tutumu -evin düzenini ciddi şekilde bozmayacaksa- birkaç defaya mahsus, "Tamam kızım, kaldırmayayım. O zaman burada kalsın," şeklinde karşılayabilir. Bunu da çocuğu küçük düşürerek, aşağılayarak, "Aman sen de ne bilirsin..." diyerek değil; "senin düşüncene saygı duyuyorum" hissiyle yapmalıdır. Bir süre sonra çocuk kendi kendine, "Tamam anne, kaldıralım," diyecektir. Çünkü çocuk yardıma ihtiyacı olduğunu bilir. Yeter ki ebeveyn onun benliğini zayıf görmesin, ona bu yönde sinyaller göndermesin. Aksi takdirde çocuk tepki gösterir, "Hayır, kaldırma. Hayır, elleme. Hayır, o benim eşyam," demeye başlar.

Gündelik hayatta ebeveyn, çocuğun odasını toplarken, "Odanı topluyorum, yazlık eşyalarını kaldırıyorum, koltuğun üzerindeki giysileri dolabına yerleştireceğim," şeklinde kendini ifade etmelidir. Çocuktan habersiz eşyalarını toplamak, hem mahremiyet eğitimine hem de düzen alışkanlığına zarar verir. Çünkü çocuk eşyanın nereye konduğunu bilmez, yeriyle alakalı yeterli bilgi oluşmaz zihninde.

Çocuğu Öperken İzin Almak

Katıldığım söyleşilerden birinde, "çocuklarınıza mahremiyet eğitimi vermek istiyorsanız, onu öperken izin almalısınız," demiştim. Programın sonunda bir beyefendi yanıma gelerek şunu söylemişti:

"Hocam, kusura bakmayın, ama eğer pedagoji, kendi kızımı öperken izin almamı tavsiye ediyorsa, ben böyle pedagojiyi-medagojiyi kaldırır çöpe atarım. O benim kızım yahu! Neyin iznini alacağım... Sarılırım da, öperim de, koklarım da, kime ne?"

Bu baba eğitimsiz biri değildi, ama pedagojik bir ayrıntıyı gözden kaçırıyordu. Bu ayrıntı ise çocuğun kişilik gelişiminde "aura oluşum süreci"ydi.

Aura, "sınır" demektir. Aura oluşum sürecinde önemli olan, çocuğun kişilik sınırlarını "hissedebilmesi", başkalarının sınırlarını "fark edebilmesi"dir.

Bu eğitim, çocuğun etrafında yaklaşık 45 santimetrelik bir mesafeyi kaplayan "ruhsal emniyet alanı"nın kazandırılmasını içerir. Bu alan, çocukta "kişiliğin saygınlık sınırı"dır. İzinsiz ihlal edildiğinde çocuk rahatsız olur ve kendini korumaya çalışır; duygularını ve bedenini zarara uğratacaklarla mesafesini koruyabilmesi için bu "mahremiyet hissi sınırı"na ihtiyaç duyar.

Bu sınır kendiliğinden oluşmaz, aile içinde çocuğa saygın davranışlarla yaklaşıldıkça adım adım geliştirilir.

Ebeveynin, belli bir mesafede durması, çocuğun göz hizasına kadar eğilip tebessüm ederek, "Seni öpebilir miyim?" diye seslenmesi, çocuğa "mahremiyet hissi sınırını" fark ettirebilmek için gerekli olan pratik bir uygulamadır; "Ben bu çocuğun babasıyım, istediğim gibi sarılırım, öperim," değil...

Kendisine hoyratça yaklaşılan, "Hayır git, istemiyorum, öpme..." diye tepki gösterdiği halde "sevecen bir zorbalıkla" bedeni esir alınan, çaresiz bırakılan çocuklarda "kişilik sınırları" oluşmadığı gibi mahremiyet eğitimi de zarara uğrar.

Aile içinde bu saygınlığı hissetmiş çocuklar ise kendi "korunaklı sınırlarını" bilir, başkalarının sınırlarına da saygılı davranırlar.

Böyle çocuklar, markette sıra beklerken önündeki kişiye fazla yaklaşmadan durur. Asansöre binip inerken kendinden öncekini bekler. Arkadaşının kalemini kullanırken izin alır. "Tepkisel ve saldırgan olmadan" gerektiğinde hakkını düzgün cümlelerle sorgulayabilir.

Çocukluk döneminde kişilik sınırları yaşamış yetişkinlerin, konuşurken muhatabının sözünü kesmediğini, düşüncelerini ifade etmesi için ona fırsat tanıdığını, karşısındakini dinlerken "kendi kişilik sınırları içinde sakince kalabildiğini" görüyoruz.

Okullarda görülen "akran zorbalığının" temel nedeni aurasızlıktır. Zorba davranışlar sergileyen çocukların, kendi kişilik sınırları oluşmaz. Başkalarının bir sınırı olabileceğini de fark etmezler. Böylesi bir çocuk, teneffüste, koridorda kendi halinde yürüyen küçük bir çocuğun başına "pat" diye vurabilir. Arkadaşının çantasından

Zihinsel aura çocuğun düşündüğünü söyleyebilme gücüne erişmesidir.

izinsiz eşya alıp dilediği gibi kullanabilir. Bir kız çocuğunu rahatsız etmekten rahatsızlık duymayabilir.

Çocuğa saygılı davranmak, gerektiğinde "Seni öpebilir miyim?" diye izin almak, onda "değerlilik hissi"ni oluşturur. Bütün anormal davranışların kökeninde "değersizlik hissi"nin yattığı göz ardı edilmemesi gereken önemli bir gerçektir.

2. Zihinsel Aura

Sadece fiziksel aura değildir çocuğun mahremiyet hissini oluşturan etken; bunun yanı sıra çocuğun zihinsel aurasını da örebilmesi, özgürce yorum yapabilecek yeteneğe erişmesi gerekir ki yaşamda karşılaştığı olumsuzlukları vaktinde fark edebilsin.

Zihinsel aura çocuğun düşündüğünü söyleyebilme gücüne erişebilmesidir. Bir başka deyişle kendini ifade edebilme özgürlüğüdür...

Bir kadın otobüste kendisini sıkıştıran adama, "Biraz kenara çekilebilir misiniz, rahatsız oluyorum," diyemiyorsa, böyle bir insanın, kişiliğini koruyabileceği bir güçten bahsedemeyiz. Çocukluk çağından itibaren konuşmaları eleştirilmiş, duygularını ifade etmesi engellenmiş bireyler, yetişkinlik yıllarında rahatsız oldukları durumlarda kendilerini ifade etmekten yoksun kalırlar. Bunu da çok defa "Terbiyem müsaade etmedi," diye gerekçelendirirler. Hâlbuki kişinin, kendisine saygısızca davranan birine rahatsızlığını ifade etmemesi, şahsına yönelik eksik saygısının göstergesidir.

Zihinsel aura, kişinin kendini ifade ederken karşısındakinin sözlerini önemsemesi, değer vererek dinlemesiyle oluşur. Örneğin, bir baba, tam da kızı ile okulda neler yaşadığını konuşuyor, hoşça sohbet ediyorken, anne de bu durumu fark edemeden mutfaktan gelsin ve "Bugün ne oldu biliyor musun?" diye eşiyle iletişime geçmek istesin... İşte tam da bu esnada babanın, "Bir saniye izin verir misin, kızımı dinliyordum, okuldaki bir durumu anlatıyordu annesi," demesi ve kızının konuşmasına devam etmesini sağlaması, çocuğun zihinsel aurasının örülmesine yol açar.

Bunun tam tersi de olabilir: Mesela anne masada oturup eşiyle konuşuyor. Çocuk da o sırada bahsi geçen konuya katkı sağlamak istiyor, ama henüz annenin konuşması bitmedi... Burada ebeveyn çocuğuna saygın şekilde, "Kızım, şu anda babana bir şey anlatıyorum. Konuşmam bitsin, ondan sonra seni dinleyeyim, olur mu?" demelidir. Böylece anne çocuğa sözün tamamlanmasının önemini, diyalogun kesilmemesinin gerekliliğini öğretmiş olur. Eşiyle konuşması bittikten sonra da, "Kızım, şimdi seni dinleyebilirim," diye çocuğa yönelmelidir. Çocuk böylece insanlarla saygınca iletişim kurmayı, konuşurken kimsenin sözünü kesmemesi gerektiğini öğrenir ve kendi düşüncelerini özgürce söyleyebilmenin gücüyle sosyal yaşam içinde var olur.

Bir başka örnekte ebeveyn telefonla konuşurken çocuğu yanına gelir. Ebeveyn karşısındaki kişiden, "Af edersiniz, izin verebilir misiniz bana? Kızım şu anda bir şey söyleyecek," diye müsaade istemelidir. Çocuğuna da, "Kızım, şu an arkadaşımla konuşuyorum. Çok az sürecek. Sadece birkaç dakika, bak bu kadarcık (saatin üzerinde gösterilir). Ondan sonra seni dinlesem olur mu?" demelidir. Ebeveyn verdiği sözü tutmalı, belirttiği zamanı aşmamalı ve ardından da hemen çocuğunu dinlemelidir.

Yukarıda geçen, "Ondan sonra seni dinlesem olur mu?" cümlesi, aura inşasının en önemli kelimesidir. Anne-babalar hem sosyal ilişkilerinde hem de çocuklarıyla olan diyaloglarında, karşı taraftan izin almayı amaçlayan "Olur mu?" sorusunu sıklıkla kullanmalıdır. Böylece çocuğa zihinsel auranın günlük yaşamda nasıl kullanılacağı da öğretilmiş olur. O zaman çocuk anneyle konuşurken baba hiç farkına varmadan araya girse, "Babacım, şu anda annemle ben konuşuyorum. Söyleyeceklerim bittikten sonra sen konuş onunla. Olur mu?" diyecektir. İşte çocuk yetiştirmenin en keyifli tarafı da budur...

Bu çocuk yarın otobüste yabancı birileri tarafından sıkıştırıldığında, haksızlığa uğradığında, düşüncelerini ifade etme gereği hissettiğinde, başına bir şey geldiğinde rahatlıkla konuşabilir, sıkıntısını ifade edebilir. Aslında her anne-baba böyle çocukları olsun ister, fakat zihinsel aurası örülmemiş çocuklar bu konuda hep eksik kalır.

Zihinsel aurası bozulan, işgal edilen, önem verilmeyen çocuklarda sıklıkla konuşma bozukluğu görülür. Çocuk aceleyle konuşmaya başlar örneğin. Neden? Çünkü çoğu zaman zihninden geçenleri annesiyle çok kısa bir zamanda paylaşmak zorunda bırakılır. Anne, "Hadi hadi, çabuk söyle de işime gücüme bakayım," der. Çocuk zihnindeki onlarca şeyi, verilen süreye sığdırabilmek için hızlıca anlatır. Zaman içinde çocuk sürekli hızlı konuşur hale gelir ya da başka konuşma bozuklukları ortaya çıkar.

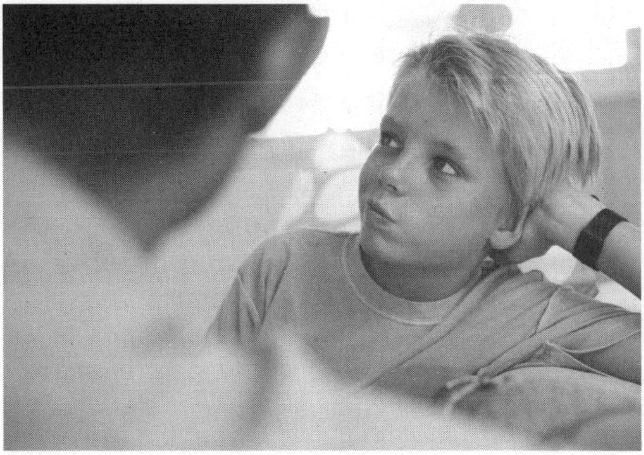

Yaşamınızdaki yetişkin davranışlarına bir bakın. Hızlı hızlı konuşan, bir an önce bir şeyler söylemek isteyen kişilere, "Çocukluğun nasıl geçti? Düşündüğünü özgürce söyleyebiliyor muydun? Üzerinde baskı var mıydı? Rahat mıydın? Emniyette hissediyor muydun kendini?" diye sorun samimiyetiniz varsa... Göreceksiniz ki hızlı konuşan yetişkin, çocukluğunda zihinsel aurasının örülmediğini, içindekileri kendine değer veren bir yetişkine aktaramadığını, keyifli bir yaşam ritmini bir türlü tutturamadığını, daraltılmış zamanlarda hızlı konuşturulmaya mecbur bırakıldığını size anlatacaktır.

Zihinsel aurası zarara uğrayan kişilerde genellikle konuşma bozukluklarına rastlarız. Hızlı konuşmak, sözcüklerin yutularak telaffuzuna sebep olur. Ya da konuşma esnasında çocuğun zihni, duygusu, fizikî yapısı birbiriyle uyumunu kaybeder ve kekemelik başlar. Bu durum zihinsel auranın işgal edildiğinin en büyük belirtisidir.

Bu üçlünün birbiriyle uyumu bazen çocuğun yaşadığı bir travmayla da bozulabilir. Mesela çocuk aniden,

Kişilik gelişiminin en önemli katmanlarından biri duygusal auradır.

"Geri zekâlı seni!" diye bağıran bir yetişkinin altında ruhen ezilir, duygu, zihnin ve fiziğin uyumu bir anda altüst olur. Bu olaydan sonra konuşurken takılmaya başlar.

3. Duygusal Aura

Kişilik gelişiminin en önemli katmanlarından biri de duygusal auradır. Çocuğun duygularına önem verilmesi, saygı duyulması şartı sağlanırsa oluşur ve gelişir. Eğer bu sınır işgal edilir, bu alana izinsiz girilirse; çocuk kendi duyguları yerine, yetişkinlerin kendisinden istediklerini yaşamaya çalışır ve sahte benlik geliştirir. Olduğu gibi olmak yerine, kendisinden beklendiği gibi yaşar.

Mesela çocuk tam ebeveyniyle konuşacağı sırada sırtını döner, utanır, bir şey söyleyecek gibi olur, ama söyleyemez, yüzü kızarır. Annesi omzundan tutup çevirmeye çalışır zorla, "Niye utanıyorsun? Utanma, utanma. Bak, bana bak, bana bak. Oğlum utanma, ne söyleyeceksen söyle!" der ve böylelikle çocuğun duygusal aurasının sınırlarını ihlal eder.

Birçok anne-baba, çocuklarının ağlamasından hoşlanmaz; "Niye ağlıyorsun ki? Ne varmış bunda? Kocaman çocuk oldun, hâlâ bebek gibi ağlıyorsun," diyerek çocuğun duygusal boşalımının önüne geçer ve çocuğun yaşadığı hisleri engeller.

Sözel ya da davranışsal olarak, "Utanma. Hadi bakalım şunu yap. Ağlama. Niye gülüyorsun ki?" gibi uyarılarla çocuğun duygularını sorgulayan, müdahale eden, yönlendiren her davranış, duygusal aurayı zarara uğratır.

Duygusal aurası zarara uğrayan çocuklar, yetişkinlik yıllarında çok defa öfke kontrol bozuklukları, duygu durum bozuklukları, panik atak ve duyarsızlaşmaya doğru giden problemler yaşarlar. Duygularına çok müdahale edildiği için kimi zaman hissetmemeyi, kimi zaman hissettiğini hissettirmemeyi ve böylelikle aslında ikincil bir kişilik oluşturmayı yetenek haline getirirler.

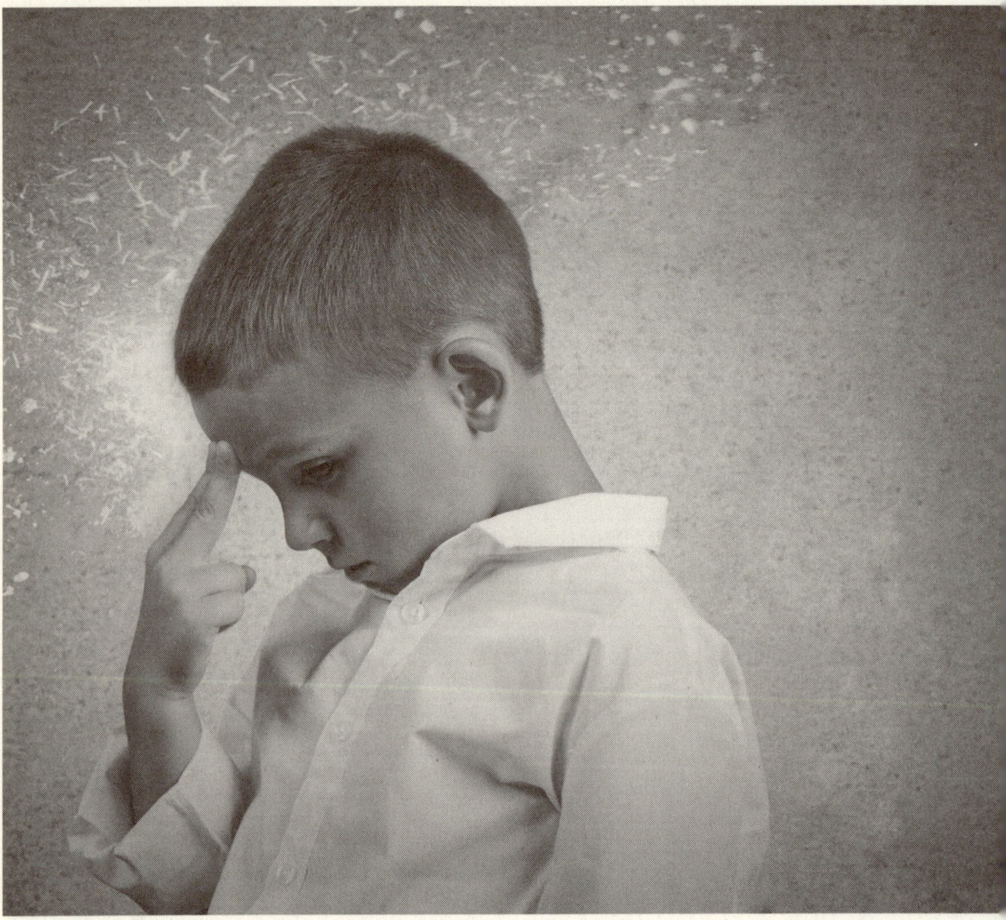

TEMEL DAVRANIŞ REFLEKSİ KAZANIMI

Utanma ve Mahcubiyet

Çocukların kendi bedenlerine yönelecek tehlikelerden kurtulabilmeleri ve korunabilmeleri için verilmesi gereken mahremiyet eğitimine Temel Davranış Refleksi denir. Aynı zamanda "utanma-hayâ duygusu" olarak da isimlendirilir.

İki duygu durumu vardır ki bunların işleyişi çok enteresandır. Bunlardan biri "utanma" diğeri "mahcubiyet"tir... Bu iki his, kişiliğin koruyucu kalkanıdır. Kişi toplum tarafından kınanan, sosyal yaşamda anormal bulunan davranışlardan, "utanma" duygusu sayesinde kaçınarak sosyal yaşam düzeninin sürekliliğini sağlar. Böylece, fıtratın bir parçası olan utanma duygusu sayesinde sosyal yaşam belli düzeyde dengelenir. Örneğin birinin sokak ortasında burnuyla oynaması kimsenin hoşuna gitmez. Bundan dolayı kimse sokakta burnunu karıştırmaz, utanır. Veya bir kadın yanlışlıkla erkekler tuvaletine girse şaşırır, utanır ve hemen oradan çıkmak ister. Bu ve benzeri birçok duruma bakıldığında, utanma hissinin sosyal yaşam ilkelerinin oluşmasına katkı sağladığını görmek mümkündür.

Kişilik sınırları da utanma hissiyle belirginlik kazanır. Ancak utanma hissi, salyangozun antenleri gibi çok hassastır, dokunulduğunda içeri çeker kendini. Kapanır, bir süre için kullanılamaz hale gelir. Bu durum sürekli tekrarladığında utanma hissi felce uğrar, kişi utanma hissini kaybeder. Utanma hissi, ancak bu duygunun örselenmediği kişilerde canlılığını koruyabilir.

Çokça utandırılan kişilerdeki içe dönük hal, utanma hissinin yoğunluğundan değil, bu duygunun kaybolup yerine suçluluk ve değersizlik hissinin gelmesiden kaynaklanır.

Bazı çocuklar, ne kadar utandırırsanız utandırın, içlerine kapanmaz, aksine hiçbir şey umurunda değilmiş gibi davranırlar. İşte onlar, utanma duygusunu bastırdıktan sonra ortaya çıkan değersizlik hissini duymamak için çevreyle duygusal etkileşimini kesmiş, kendini kapatmış, duygularına erişimi engellemiş çocuklardır. Bu çocuklara ne söylerseniz söyleyin, sözün şiddeti derecesinde tesir edemezsiniz. Böyle çocuklar, bu duyarsızlaşma sürecinden sonra utanç verici eylemleri gerçekleştirmekten sakınmaz, hatta bundan keyif bile alırlar. Arkadaşının eşyasına zarar vermek, sınıfta yere tükürmek, burnunu karıştırmak, arkadaşının defterine kötü resimler çizmek, yazılar yazmak utanma duygusunu kaybetmiş çocuklar için sıradan ve bir o kadar da "eğlenceli" işler arasındadır.

Birçok anne-baba çocuğunun bir başkası tarafından taciz edilmesinden korkar; oysa bir o kadar korkulacak bir diğer davranış da kişinin kendi çocuğunun tacizcisi olmasıdır. Utanma duygusunu yitirmiş bir çocuk, tacizkâr davranışlarda bulunmaktan rahatsızlık duymaz. İnternette, birçok kişinin görmeye çekindiği resimlere ve görüntülere bakmak, utanma hissini kaybetmiş çocukların kolayca adım atacağı bir davranıştır.

Böyle durumlarda yetişkinler genellikle çocuğu cezalandırarak sorunu çözmeye çalışsa da bu oldukça yanlış bir yöntemdir. Zira çocuk cezalandırıldıkça, utanma duygusundan hızla uzaklaşır, kendisini cezalandırana duyduğu kin ve öfkeye sarılır, kötü hisleri daha da baskın hale gelir. Baskı, zorlama, ceza ve şiddet, problemi çözmek yerine daha da derinleştirir.

Bu durum ancak çocuğun duygu dünyasının yeniden canlandırılması, geçmiş yıllarda kapattığı duygularının yeniden açılması ve yetişkinin ona "değerlilik" hissi kazandırmasıyla ortadan kalkar. Çocuk ne kadar utanç içeren davranışlar sergilese de yetişkin ona tebessümle bakmalı, sevgi göstermeli, onu olduğu haliyle kabul etmeli, çocuğun bütün olumsuz davranışlarına karşı mütebessim bir sabır içinde bıkmadan, tükenmeden şefkat göstermelidir ki çocuğun duygu dünyası uyanabilsin.

Mahcubiyet hissi de utanma duygusu gibi diğer duygulardan çok farklıdır. Mahcubiyet bireyin kendini büyük görmemesi, yücelik hissetmemesi, insan olmanın getirdiği ortak paydada kalabilmesi için oldukça özel bir histir. Kişi bu his sayesinde tevazu sahibi olur. Ancak mahcubiyet hissi de utanma hissi gibidir. Her insanda doğuştan var olan bu duygu, kişi mahcup edildikçe yok olmaya, görünürlüğünü kaybetmeye başlar. Mahcup edilen, mahcubiyet hissini yitirir.

Temel Davranış Refleksi

Anormal davranışlar karşısında bedenin refleksle kendini korumasına Temel Davranış Refleksi denir.

Temel Davranış Refleksi (TDR) sahibi çocuklar, bir suiistimal durumunda "farkında olmadan" kendini savunabilme becerisi elde ederler.

Her kalabalıkta iyiler arasına karışmış kötüler olabilir. Yetişkinler, kötü niyetli kişileri konuşmalarından, görünüşlerinden tanıyabilir veya hissedebilirler. Çünkü hafızalarında "kötü niyetli kişiler" hakkında belli birikimler vardır. Örneğin, bir yetişkin, kendisine sebepsiz yere para veren birinin amacının ne olduğunu bilmeden bunu kabul etmez. Çünkü sebepsiz yere verilen bir hediyenin arkasından farklı talepler gelebileceğini bilir. Kendisine yapılan bu teklifi en kısa yoldan reddeder.

Bazen hissedilen bir tehlike sözlü olarak değil, tavır ve davranışlarla da bertaraf edilebilir. Mesela, otobüs durağında bekleyen kadının yanına yabancı bir araç yaklaşır ve onu evine bırakabileceğini söyler. Kadın şoförün yüzüne bakmaz, teklifine ilgisiz kalır, cevap vermez. Böylece kendini savunmaya alır. Yetişkinlerin benzer teklifleri reddetmelerinin sebebi, bunun gibi taleplerin kendilerine zarar vereceğini bilmeleridir. Bilgi birikimi ve tecrübeleri, böyle davetlerin sonunun iyi olmayacağına dair örneklerle doludur.

Çocuklarınsa, "kötü niyetli kişi ve davranışları" hakkında bilgi birikimleri yoktur henüz. Fakat günümüz çocuklarını dışarıda bekleyen tehlikeler, bu birikimin oluşmasına fırsat vermeyecek kadar hızlı şekilde yayılmaktadır. Tehlike çok yakın, çocuklar ise oldukça hazırlıksızdır. Kötü niyetli kişiler dost, arkadaş, akraba, tanıdık, komşu olarak çocuğun karşısına çıkabilir. Çocuksa böyle bir durum karşısında nasıl tepki vereceğini kestiremez. İşte temel davranış refleksi de bu noktada devreye girer. Verilecek mahremiyet eğitimi sayesinde; çocuk cinselliğin ne anlama geldiğini bilmediği bir dönemde, kendine yönelen normal ve anormal davranışları birbirinden ayırt edebilir. Bunu ise akıl süzgecinden geçirerek değil, kazandığı refleksle yapar.

Terapi Görüşmesi: Saniye Hanım (33)

"Kızım 8, oğlum 6 yaşında. İsterdim ki kızım da oğlum gibi bazı tehlikelerin farkına varsın, ama öyle değil... Oğlumun temel davranış reflekslerini kazanması için oldukça çaba sarf ettik. Bunun faydalarını da görüyoruz. Örneğin, geçenlerde kızım ve oğlumla alışverişe gidiyorduk. Belediye otobüsü kalabalıktı, ayakta yolculuk yapmak zorunda kaldık. Yan koltukta oturan bir bey, çocukların sıcaktan sıkıldığını görünce "sormadan" oğlumu kucağına almaya çalıştı. Oğlum birden tepki verdi ve çırpınarak kucağından inmeye çabaladı. O bey de, çocuğun tepkisini görünce oğlumu yere bıraktı. Sonra kızıma, 'Yorulmuşsundur. Kucağıma oturmak ister misin?' diye sordu. Kızım kabul etti. Neyse ki bir durak sonra otobüsten inecektik. Bunun üzerine düşünmeye başladım, 'Sonuçta bu bey kötü niyetli de olabilirdi.' diye.

Kızım kendini çağıran herkese gidiyor, kimseden kendini sakınmıyordu. Oğlumsa tam tersi hareket

Çocuğa mahremiyet bilinci "davranış eğitimi" şeklinde 4-7 yaşları arasında verilmelidir.

ediyordu. Keşke kızıma da temel davranış refleksini zamanında kazandırabilseydim..."

Mahremiyet Bilincinin Oluşum Süreci

Bu noktada karşımıza, çocuklarla ilgili önemli bir sorun çıkar: Acaba çocuklara "normal" ve "anormal" kavramları nasıl öğretilmeli, mahremiyet bilinci nasıl geliştirilmelidir?

Bu sorunun yanıtı çocuğun yaşamı boyunca edineceği kimlik ve kişiliğiyle yakından ilgilidir. Bu yüzden benimsenecek ilkeleri çocuğa kazandırmak için pedagojik kaygıları öncelemek gerekir. Zira önümüzde cinsel kimliği henüz tam gelişmemiş, ahlaki gelişim sürecini tamamlamamış, her türlü etkilenmeye açık bir "çocuk" vardır. Böyle birine cinsel bilgileri "ders verir gibi" anlatmak, irdelemek bir anlam taşımaz, söylenenler pratik hayatta karşılık bulmaz. O halde mahremiyet bilinci, çocuğa "davranış eğitimi" şeklinde, 4-7 yaşları arasında verilmelidir.

Temel Davranış Refleksi Oluşum Süreci

Temel davranış refleksinin en kolay kazanıldığı dönem 4-7 yaş aralığıdır. 7 yaş sonrasında da çocuklar bu refleksi kazanabilir. Sürecin sağlıklı şekilde işlemesi için aşağıda sıralanan prensipler ebeveynler tarafından dikkate alınmalıdır.

1. "Bedenim bana aittir" bilinci

Bebekliğinden itibaren kendini rahatlıkla yetişkinlerin eline bırakan çocuğun, ilerleyen yıllarda kendi bedeninin farkına varması ve çevresindeki yetişkinlerden ayrı bir birey olduğunu hissetmesi gerekir. Bedeninin kendisine ait olduğu bilincini kazanamamış, vücudu üzerinde başkalarının tasarrufu olduğunu düşünen çocuk, rahatlıkla zarara uğratılabilir çünkü.

Anne-babalar çocukları 4 yaşına yaklaşırken, çocuğa vücudunun kendisine ait olduğu bilincini vermelidir. Bu bilincin oluşturulmasındaki en büyük sorumluluk ebeveynlere düşer. Çocuğa, diğer insanlardan farklı biri olduğu hissettirilmelidir. Ama nasıl? İsterseniz bu noktada Kaya isimli bir gençle tanışalım ve onun sorunlarından yola çıkarak konuyu detaylı şekilde ele alalım:

Problem: Kaya (24)
Kaya evlenmek istemiyor...

Kaya (24) üniversite son sınıf öğrencisi. Kaya'nın mezuniyeti yaklaştıkça ailesi onun evlenmesini ister. Özellikle anne, oğlu için açıktan açığa kız aradığını çevresine duyurur.

Kaya'nın kız kardeşleri zaman zaman, "Abi, okulda sana uygun bir kız arkadaşım var," ya da, "Katıldığımız toplantıda seni tanıyan biriyle tanıştım, çok beğendim," dediğinde Kaya çok sert tepki verir. Yine bir keresinde annesi, "Oğlum, karşı komşumuz Medine Hanım dün bize oturmaya geldi. Yanında da kızı vardı. Çok hanım hanımcıktı..." diye söze başladığında, oğlu elindeki bardağı kapıya doğru fırlatır; "Ben size kaç kere dedim, benim yanımda evlilik lafı etmeyin! Bir insan evlenmeden de hayatını devam ettirebilir. Beni neden anlamıyorsunuz?" diye bağırarak kapıyı çarpar, evden çıkıp gider. Kaya'nın annesi tüm bu olup bitenlere anlam veremez. Konuyu eşiyle görüşür. Babası, "Belki de psikolojik desteğe ihtiyacı vardır," diye düşünür. Bir süre sonra, tanıdıklar vasıtasıyla bir uzmanla görüşürler. Yalnız, Kaya ile psikoloğun yüz yüze görüşmesi gerekmektedir. Babası Kaya'nın kendini iyi hissettiğini düşündüğü bir zamanda yanına oturup son dönemdeki hırçınlıkları hakkında konuşur. Aslında Kaya da kendi durumundan memnun değildir ve çoğunlukla elinde olmadan böyle davrandığını söyler. Tam da bu noktada babası, "Eğer bu konuda psikolojik destek istersen sana yardımcı olabilirim. Bir uzman yardımı almak ister misin?" diye sorar. Kaya başlangıçta çekingen davransa da baba, oğlunu ikna eder sonunda. Bir hafta boyunca Kaya uzmanı arayıp aramama konusunda gelgitler yaşar ve sonunda randevu alır. Görüşme günü tedirginlik içinde danışmanlık merkezine gider. Psikologla tanıştığı ilk görüşmeden sonra 12 seanslık bir terapi süreci başlatmaya karar verilir ve süreç başlar. İlk dört seanstan sonra Kaya'nın problemi yavaş yavaş su yüzüne çıkar. Kaya 5 yaşından itibaren uzun bir süre tacize maruz kalmıştır. Annesi, çarşı pazara çıkacağı zaman oğlunu komşusuna bırakır. Yalnız komşu kadın ev işleri, günlük koşturmalar derken Kaya'yla ilgilenemez. Sorumluluğu hep 15 yaşındaki oğluna bırakır. İki çocuk genelde ayrı bir odaya çekilip sessizce oyun oynar, Kaya'nın annesi geldiğinde oradan çıkarlar. Komşu çocuk, Kaya'nın çocuksu saflığını yavaş yavaş kullanmaya başlar. Suiistimaller zamanla fiziksel tacize dönüşür. Kaya ise yaşadığı bu olumsuz tecrübeyi oyun zanneder. Elbette yaşadıklarından annesinin haberi yoktur ve anne, dışarı çıkarken oğlunu oraya bırakmaya devam eder. Kaya ise komşuya her gidişinde mutlu olur, neşelenir, yiyeceği çikolataları, oynayacağı oyuncakları düşünür.

Ebeveynler çocuklarının bedenleriyle ilgili yapacakları tasarruflarda, onlardan onay almalıdır.

Devam edecek...

Yukarıdaki örnekte görüldüğü gibi Kaya henüz 5 yaşında ve kendi bedeni üzerinde hâkimiyeti yok. Vücudu oyun esnasında kendisinden büyük biri tarafından suiistimal edildiği halde hiçbir tepki göstermiyor. Hâlbuki Kaya'nın bedenine dokunulur dokunulmaz tepki vermesi, bundan rahatsızlık duyması gerekirdi. Eğer Kaya'ya anne-babası, "bedenim bana aittir" bilincini verebil-

seydi, ona ait bir şeyin izni olmadan kullanılmasına müsaade etmezdi.

Bu bilincin oluşturulmasından ebeveynler sorumludur. Çocuklarının bedenleriyle ilgili tasarruflarda, onlardan onay almaları gerekir. Anne, altını ıslatmış oğlunun-kızının pantolonunu öfkeyle çıkarmamalı, çocuğunun onurunu kırmamalı, aksine sabırlı davranmalıdır. Çocuğun vücuduna bir şey yapacağında ondan izin alınması gerektiğini gösterircesine, "Altını ıslatmışsın, değiştireyim istersen," tavrıyla yaklaşmalıdır. Ya da sıcaktan terlemiş bir çocuğun atleti, kendisinden izin alınmadan aniden çıkarılmamalıdır. Bunun yerine, "Çok terlemişsin. İstersen atletini çıkaralım," diyerek yaklaşılmalıdır. Çocuk belki başlangıçta kendisinden neden böyle izin alındığını anlayamaz. Fakat ilerleyen zamanlarda, ondan izin alınmadan bedenine yapılacak müdahaleleri hisseder ve rahatsızlık yaşar hale gelir.

2. "İzin verirsem dokunabilirsin" bilinci

"İzin verirsem dokunabilirsin" farkındalığı, "bedenim bana aittir" bilinciyle birlikte verilmelidir. Çünkü çocuğun, kendi bedeni üzerindeki hâkimiyetini öğrenmesi yetmez. Aynı zamanda bu beden üzerinde söz hakkı olduğunu da bilmelidir. Anne-baba, bu açıdan bakıldığında, çocuklarını "hoyratça" kullanmaktan mutlaka kaçınmalıdır.

Her ne kadar çocuk, anne-babanın bir parçası olsa da ayrı bir bireydir, farklı bir yaşam sürecine hazırlanır. Ebeveynler, çocuklarının auralarının oluştuğu 4-5 yaşından sonra onları öperken, "Seni öpebilir miyim?" diye müsaade istemelidir. Bu davranış, "bedenim bana aittir" bilincinin oluşmasında oldukça etkilidir.

Güçsüz vücudu herkesçe izinsiz kullanılan çocukların bedenlerini koruyacak refleksleri gelişmez. Bu bilinç oluştuğundaysa çocuğun kendine saygısı ve sosyal yetenekleri artar.

Problem: Kaya bedeninin sadece kendine ait olduğunu bilmez

Psikolog ile yürütülen terapi sürecinde Kaya bir şeyin farkına varır: Her ne kadar mutlu bir çocuk-

Güçsüz vücudu herkes tarafından izinsiz kullanılan çocukların bedenlerini koruyacak refleksleri gelişmez.

luk geçirdiğini düşünse de ailesinin yanında hiçbir zaman kendi gibi olamamıştır. O, doğumuyla, yürümeye ve konuşmaya başlamasıyla çevresindeki herkesi mutlu etmiştir. Onlar da her başarısı için Kaya'yı alkışlamışlardır. Kaya, ailenin ortak paydası olsa da kendi kimliği ve benliği ile orada var olamamıştır. Kaya hep birilerinin "ortak malı" gibi kucaktan kucağa, elden ele dolaşmış, her an sevilmeye, öpülmeye hazır zannedilmiştir.

Acaba Kaya tüm bunlardan hoşnut mudur? Öncelikle Kaya'nın ailesi, onun ayrı bir kişilik geliştirdiğini fark edememiştir. Taciz olayından bahis açıldığında da yukarıdaki yanlış tutumlardan dolayı, vücuduna dokunulurken kendisinden izin alınması gerektiğini hiç düşünememiştir Kaya.

Devam edecek...

3. "Dokunulması yasak olan yerlerim" refleksi

Çocuklar 4 yaşından itibaren, vücutlarının belli bölgelerine temas edilmesinden rahatsız olmaya başlamalıdır. Özellikle genital bölgelere dokunulması, çocukta ani tepkilere neden olmalıdır. İşte bu refleksin kazanılmasına "dokunulması yasak olan yerlerim" refleksi denir.

Doğumundan itibaren çocukların tüm bakımını ebeveyn yapar. Altını değiştirir, üstünü giydirir, banyosunu yaptırır. Özellikle alt değişimi ve banyo esnasında çocuğun genital bölgesine dokunulur ister istemez. Fakat 4 yaşından itibaren çocuğun genital bölgelerine olan harici temas -mümkün olduğu ölçüde- azaltılmalıdır. Anne-baba, çocuğun bu özel bölgesine karşı refleks geliştirmesine izin vermelidir.

4 yaşından itibaren oluşturulmaya çalışılan bu refleks konusunda sadece anne-baba değil, çocukla birinci derecede irtibatı olan herkes hassas davranmalı ve adım adım oluşturulacak bu bilinç hiçbir şekilde zarara uğratılmamalıdır. Çocuk, eş dost ve akrabalar tarafından cinsel organlarına dokunularak, öpülerek, vurularak sevilmemelidir. Bu tür davranışların, çocukta oluşturul-

Aile içinde itilip kakılan, zor kullanılarak bazı davranışlara ikna edilen çocukların tacize karşı direnme becerisi azalır.

maya çalışılan "dokunulması yasak yerlerim" refleksine önemli ölçüde zarar vereceği unutulmamalıdır.

Çocuk ve Tuvalet Temizliği

Çocuğun altının değiştirilmesi, temizlenmesi birçok anne için soru işaretleriyle dolu bir süreçtir. Bazı anneler, küçük çocuklarının altını değiştirirken çocuğun ablasının veya abisinin aynı ortamda bulunmasının bir sakıncasının olup olmadığını öğrenmek ister. Şöyle ki, alt değiştirme sırasında eğer çocuklar farklı cinsiyete sahipler ve ergenlik öncesi dönemdelerse orada bulunmamaları gerekir. Bir erkek çocuğunun altı değiştirilirken, 4 yaşındaki bir kız çocuğu orada bulunursa, kardeşini gördüğünde şaşırır. Kardeşinin vücudunun neden ondan farklı olduğunu öğrenmek, ona dokunarak gördüğü şeyi anlamlandırmak ister. Çocuğu böyle bir şaşkınlığa sürüklemek ve önü alınmaz sorularla çocuğu meşgul etmektense, büyük kardeşin olmadığı anlarda küçüğün altını değiştirmek doğru pedagojik yaklaşımdır.

Bazı anneler kız çocuklarının altını değiştirirken babanın aynı ortamda bulunmamasını arzu ediyor. Hâlbuki böyle bir kaygı gereksizdir. Bir erkek çocuğu için anne ne anlama geliyorsa ve sakınmaya gerek yoksa, bir baba için de kız çocuğu aynı anlamı taşır. Yalnız, çocukların alt değiştirme işini bazen babanın, bazen de annenin yapmasını doğru bulmuyoruz. Bir zaruret olmadığı takdirde, çocuğun altını sadece annenin değiştirmesi, bu mümkün değilse de sürekli farklı kişilerin değil, sabit bir kişinin değiştirmesi daha doğru olur.

Çocuklar ayaklanıp yürümeye başladığında, tuvalet alışkanlığı kazandırılırken mahremiyet eğitimi açısından dikkat edilecek bir diğer nokta da çocuğun temizliği sırasında aşırıya kaçmamak, çocuğu sıklıkla uyarmamaktır. Çocuğun tuvalet temizliğinin suyla yapılması ve ardından tuvalet kâğıdıyla silinmesi, hem hijyen açısından hem de mahremiyet eğitimi için gereklidir.

3-4 yaşından itibaren çocuk kendi tuvalet temizliğini yapabilecek duruma getirilmelidir.

Tuvalet temizliği görevinin adım adım çocuğa devredileceği düşünülmelidir. Yaklaşık 3-4 yaşlarındaki bir çocuk artık kendi temizliğini kendi yapar hale gelmelidir. Bu süre en çok 5 yaşına kadar uzatılabilir. Bundan sonraki yaşlarda çocuğun temizliğinin hâlâ ebeveyn tarafından üstlenilmesi, mahremiyet eğitimi açısından doğru değildir. Okul öncesi eğitime başlayan bir çocuk tuvalette kendi temizliğini kendisi yapar duruma gelmiş olmalıdır.

Problem: Kaya aile içinde çok sevilmektedir ama...

Psikologla görüşmeleri devam eden Kaya, geçmişte komşu çocuğunun kendisine yaşattığı o acı hatıraları yeniden hatırlar ve zaman zaman gözyaşlarına boğulur. Çünkü yaşadığı bu kötü hatıralar sadece 5 yaş dönemiyle sınırlı kalmamış, aynı binada oturdukları müddetçe (ilkokul sonuna kadar) devam etmiştir. Bu yüzden de kendini sürekli "güçsüz ve çaresiz" kalmakla suçlar; yaşadıklarını "normal" zannettiğini, kötü bir şey olduğunu hiç düşünmediğini söyler.

Görüşmelerde bir nokta psikoloğun dikkatini çeker: Kaya, acaba neden bedeni kullanılırken bir refleks göstermemiştir? Bu sorunun cevabını alabilmek için anne-babasıyla görüşür. Kaya'nın annesi şunları anlatır: "Oğlumuz eşimin ailesindeki ilk erkek çocuktu. O nedenle dedesi, amcaları ve halaları ona aşırı ilgi ve sevgi gösteriyordu. Özellikle amcası Kaya'yı severken benim erkek yeğenim, koçum benim diyerek oğlumun erkekliğine vurgu yapıyordu."

"Dedesi de torununu dokunup öperek mi severdi?"

"Evet, özellikle dedemiz Kaya'yı yere yatırır, karnına dudaklarını değdirir ve 'gıdıklayarak' onu güldürmeye çalışırdı. Evde bulunduğu sırada, eğer altını değiştirmişsem ve Kaya çıplak vaziyette ortalıklarda dolaşıyorsa oğlumun bu halinden çok keyif alır, pipisine dokunarak onu güldürmeye çalışırdı."

"Sadece dede mi bu şekilde severdi Kaya'yı? Yoksa ailenin diğer fertleri de mi böyle davranırdı? Kaç yaşına kadar devam etti bu durum?"

"Tam hatırlamıyorum, ama sanırım 8-9 yaşına kadar dede ve amcalar onu hep böyle sevdiler. Kaya'nın ilk erkek torun olması onun hep erkekliğine vurgu yapılarak sevilmesine neden oldu."

"Kaya bu şekilde sevilirken, ondan hiç izin alma ihtiyacı hissettiniz mi ilerleyen yaşlarda?"

"Bu çok doğal bir süreçti, kimsenin kötü bir niyeti yoktu. Neden izin alacağız ki üstelik? Biz onun ailesiyiz."

“Peki, Kaya tuvalet alışkanlığı kazandırılırken öz bakımını kaç yaşına kadar yaptınız? Bu ihtiyacını sizin dışınızda kimler karşılıyordu?”

“Oğlum ailemizde en çok ilgi gören çocuktu. Bu yüzden ‘herkes’ ilgilendi diyebilirim. Teyze, hala, bazen de amcası bana yardım etti. Sanırım tuvaletten temiz çıkma alışkanlığını 7 yaşına doğru kazandı ve ondan sonra bu konudaki yardımımızı azalttık. Ama annesi olarak ben yaklaşık 9 yaşına kadar onunla ilgilendim.”

Psikolog, anneyle yaptığı görüşme neticesinde, Kaya’da “vücudum bana aittir” ve “ben istemezsem dokunamazsın” bilincinin gelişmediğini düşünür.

Devam edecek...

4. Fiziksel baskıya direnme gücü

Küçük yaşlardaki çocuklar kendi güçsüzlüklerini ve çaresizliklerini, büyüklerin gücünü keşfettikçe anlar. Ne yazık ki yetişkinler, bazen farkında olmadan, çocuklarının üzerinde güç gösterisinde bulunurlar. Örneğin, bir amca yeğenini sevmek ister. Çocuksa ondan kaçar. Fakat amcası onu kovalayıp odanın bir köşesinde ansızın yakalar ve içinden geldiği gibi şefkat ve sevgiyle doyasıya, ama onu zorlayarak sever. Bu bir amca şefkatidir, içten gelen bir sevginin coşkuyla dışa vurumudur. Fakat çocuk, o esnada kendinden büyük birinin gücüne teslim olur ve ondan kaçılamayacağını hafızasına yazar. Yapılan araştırmalar da suiistimal edilmiş çocukların birçoğunun bu kanaat yüzünden çırpınmadığını, bağırmadığını, kaçmaya çalışmadığını gösterir. Bundan dolayı da çaresizce, küçük bir serçe gibi kötü niyetli kişilerin eline kendilerini bırakır çocuklar.

Çocuğunda bu olumsuz kanaati oluşturmak istemeyen ebeveyn, oğlunu-kızını severken büyük ve orantısız güç gösterilerinden dikkatle sakınmalıdır. Aksine, kendisine karşı herhangi bir güç gösterisinde bulunulduğunda direnme ve karşılık vermenin işe yarayacağı bilincini edindirmelidir. Bunun için de çocuğun kaçma becerisini geliştirecek saklambaç, mendil kapmaca, yakalamaca, ebelemece, köşe kapmaca gibi oyunlar oynanabilir. Bu oyunlar çocuğa belli beceriler kazandıracaktır.

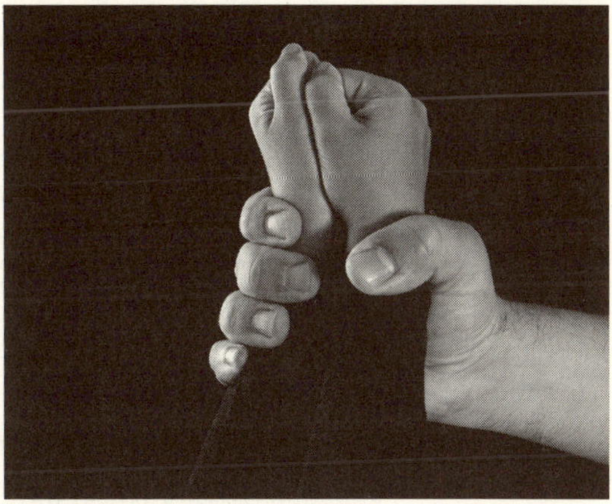

Oyun sırasında yetişkin fırsat tanıdıkça çocuk, kendisinden büyüklerden daha atik, pratik hareket edebildiğini, saklanabileceğini öğrenir, oyunda olduğu gibi bağırabileceği tecrübesini kazanır.

Bunun yanı sıra çocuk oyunla "emniyetli kaçış tecrübesi" edinir. Kaç-kovala oyunlarıyla içli dışlı olan çocuk, kaçış güzergâhını daha iyi görebilir, çukura düşmeden, çalı ve dikenli alanlara takılmadan koşabilme becerisi elde eder. Aynı zamanda bu oyunlar sırasında yaşanan boğuşmalar, yarışlar, mücadeleler çocuğun zora düştüğünde kullanabileceği tecrübeler arasında yerini alır.

Bu noktada anne-babaların akıllarına şu soru gelebilir: "Direnmeyi öğrenen çocuk bu becerisini anne-babasının üzerinde de kullanır mı?" Bu sorunun cevabını "Öfke" başlığı altında ele alacağız.

Anne-babanın ceza verirken güç kullanması da çocuğun "fiziksel baskılara direnme refleksi"ni zedeler. Aile içinde itilip kakılmaya alışan, zor kullanılarak bazı davranışlara ikna edilen çocuğun tacize direnme becerisi kırılır.

Kendi gücünün yetersizliğini öğrenen çocuk, büyükler karşısındaki güçsüzlüğünü kabul eder ve zor anlarda güçlüye kendini teslim etme pasifliği kazanır. Bu nedenle çocuklar hiçbir zaman fiziksel güç kullanılarak bir işe razı edilmemelidir. Çarşıya çıkmak istemeyen çocuk, sürüklenerek kapı dışına taşınmamalı, bahçede oynarken eve gelmediğinde yaka paça içeri alınmamalıdır.

Problem: Kaya'nın korkuları...

Kaya ile görüşmelerini sürdüren psikolog, onun taciz ortamından neden çıkamadığının üzerinde durur. Acaba yaşadığı taciz olayına neden uzun süre devam edilmesine izin vermiştir? İlerleyen görüşmelerde psikologla Kaya arasında şu konuşmalar geçer:

"Önceki görüşmelerimizde yaşadıklarının ne anlama geldiğini henüz bilmediğini söylemiştin. Küçüktün, komşu çocuğu seni sevgi bahanesiyle kandırıyor, çikolata ve şekerle oyun oynamaya ikna ediyordu. Peki, ilerleyen yıllarda da neler yaşadığının farkına varamadın mı?"

"Yaşadıklarımın çok kötü olduğunu ilk kez ilkokul üçüncü sınıfa giderken anladım. Sanırım 8-9 yaşlarındaydım. Sınıfımızda Tarkan isimli bir çocuk vardı, yaşı bizden büyüktü. Bir gün okul çıkışında birlikte parka gittik. Orada çantasından bir dergi çıkardı. İçi açık saçık fotoğraflarla doluydu. Arkadaşım bunları bana göstermek için kuytu bir yer seçmişti. Gizli, yasak bir şey yaptığını hissediyordum. Resimlere bakarken, birdenbire başım döndü, gözlerim karardı sanki. Eğer bu resimler kötü ve gizliyse, benim yaşadığım olaylar da çok kötü şeylerdi. O güne kadar bazen tereddütle karşıladığım durumlar benim için artık açıklığa kavuşmuştu. Ben çok kötü bir şey yapıyordum. Ya da bana çok kötü bir şeyler yapılıyordu... Fotoğraflara bakamadım. Çantamı aldım ve hızla oradan uzaklaştım. Eve geldim. Kimseyle konuşamadan odama girdim ve yatağımın üzerine kendimi öylece attım. Annem yanıma geldi. Ne olduğunu sordu. 'Uyumak istiyorum, beni yalnız bırak!' diye bağırdığımı hatırlıyorum. Mecburen o da sessizce odadan çıktı. Akşam yemeğine kadar uyumuşum. Sonra kalktım, kendimi çok kötü hissediyordum. Artık herkesten sakladığım, çok kötü bir sırrım vardı. Canım bir şey yemek istemiyordu. Yemekten sonra hemen odama girdim yeniden."

Çocuk kaç-kovala oyunlarıyla "emniyetli kaçış tecrübesi" edinir.

"Komşunuzun oğlunu o günden sonra gördün mü?"

"Evet, ailecek oturmaya gittiğimizde görüyordum. Ama onun yanına gitmek istemiyordum, hep uzak duruyordum ondan. Bir yandan da ailem anlayacak, bir şeyler olduğunu fark edecek diye çok korkuyordum."

"Peki suiistimal o dönemde devam etti mi?"

Kaya ağlama başlar:

"Evet, okul çıkışında bazen yolda karşılaşıyorduk. Yanıma geliyordu. Bana çok iyi davranıyordu. Neden bilmiyorum, ama kaçamıyordum ondan. Sanki her şey daha kötü olacakmış gibi geliyordu. Peşimden koşacak, beni yakalayacak ve bedenimi hırpalayarak bir yere götürecekmiş gibi hissediyordum. Elim kolum birden çözülüveriyordu onu görünce ve sesimi çıkarmadan onunla yürüyordum. O nereye gitmek isterse ona eşlik ediyordum. Bir de ona, 'bana yaptıklarının ne anlama geldiğini biliyorum' duygusunu vermek istemiyordum. Her şey ortaya çıkar ve beni öldürür diye korkuyordum."

"Son günlerde ailene karşı çok agresif davranışlar sergiliyorsun. Neden?"

"Ailemin hiçbir şeyden haberi yok. Onlar beni evlendirmek istiyor. Ben evlenmek istemiyorum ki..."

"Neden?"

"Kendimi erkek gibi hissetmiyorum."

"Nasıl hissediyorsun?"

"Bilmiyorum. Bedenim erkek, kendimse... Utanıyorum kendimden... Ölmek istiyorum hatta. Ben neden böyleyim?" (Hıçkırarak ağlamaya devam eder.)

"Anlıyorum..."

Psikolog, Kaya'nın yaşadığı suiistimalin "neden"ini bir türlü çözemediğini, artık her şeyi olduğu gibi kabul ettiğini ve bu esnada da kimlik çelişkisi yaşadığını düşünür. Hangisi gerçek Kaya'dır? Uzun yıllar tacize müsaade eden kişi mi, yoksa ailesinin ve çevresinin tanıdığı kişi mi? Psikolog, Kaya ile uzun süreli bir terapi sürecine başlamanın şart olduğunu düşünür.

5. "Vücudum görünmemeli" hissi

Bu, vücudun belli kısımlarının görünmesinden çocuğun rahatsızlık duyma hissi kazanmasıdır. Özellikle genital bölgelerin görünmemesi, açıkta bulunmaması alışkanlığını Temel Davranış Refleksi kazanma sürecindeki bir çocuk muhakkak edinmelidir. Örneğin, bebek yürümeye başladığı andan itibaren, anne-baba tarafından ortada çırılçıplak bırakılmamalıdır. Çocuk, hatırlayabildiği en küçük yaştan itibaren (bu yaklaşık 3 yaştır) başkalarının yanında genital bölgesinin hep iç çamaşırıyla örtülü olduğunu anımsamalıdır.

Özellikle 4 yaşından itibaren çocuk, ev içinde veya ev dışında çırılçıplak bulunmamalı, giysilerini kendisinin giyip çıkarmasına izin verilmelidir. Böylece, kendi çıplaklığına karşı bilinçsizce bir alışkanlık kazanır ve buna bağlı olarak refleks geliştirir. Başkalarının yanında kendini çıplak görmeye alışkın olmayan çocuk, giysilerinin birileri tarafından çıkarılmasından büyük rahatsızlık duyar.

Problem: Derya (15)
Tehlike çok yakınımızda...

Derya, başarısız ve zor geçen bir eğitim döneminin ardından, lise son sınıfta okulu bırakmak zorunda

4 yaşından itibaren çocuk, çıplak olmamalı, giysilerini kendisinin giyip çıkartmasına izin verilmelidir.

kalır. Ailesi tarafından çok sevilen, görünüşte de çok mutlu, cıvıl cıvıl bir genç kızdır. Anne-babası ise mütevazı ve muhafazakâr insanlardır. Okul hayatından ayrılınca arkadaşlarından bir bir uzaklaşıp eve kapanan Derya, oldukça monoton günler geçirmeye başlar. Bu yüzden de okulunu bıraktığına pişman olur. Güzel giyinmeye ve gösterişe çok hevesli genç kız, ebeveynlerinin baskısıyla tesettüre girer. Yalnız bu köklü değişimi bir türlü içine sindiremez. Can sıkıntısına ise internette çözüm arar. Sanal dünyada, özellikle sinema yıldızlarının hayatlarına, cemiyet insanlarının gittiği yerlere, gösterişli kıyafet ve aksesuarlara odaklanmış sitelerde saatlerce vakit geçirir. Bir gün sayfalar arasında gezinirken karşısına bir "sanal sohbet" sitesi çıkar. Yanlış bir şey yapmanın korkusuyla içindeki merak duygusu arasında kararsız kalır. Merakına yenilir ve sahte bir isimle üye olup rastgele birileriyle yazışmaya başlar. İlk haftanın sonunda bir gençle tanışır. Aralarında özel bir arkadaşlık başlar. İkili paylaşımlarını ilerletir ve görüntülü şekilde iletişim kurmaya devam ederler. Artık Derya, akşam saatlerinin tamamını bu gençle sohbet ederek geçiriyordur. Vakit geçirme, eğlenme maksadıyla başlayan diyaloglar zamanla duygusal yakınlığa evrilir, sonraysa cinselliği de içeren tuhaf bir yönde ilerler. Derya bir yandan yaptığı şeyin aile kültürüne uymadığını düşünür ve pişmanlık duyar, diğer yandan karşısındaki kişinin tesirinden kurtulamaz. Onun tüm isteklerini tek tek yerine getirir. Kamera karşına saçları yapılı, yüzü makyajlı, vücudunu gösterecek kıyafetler giyerek çıkmaya başlar. Kendini bu sohbetlere iyiden iyiye kaptıran genç kız, bir süre sonra korkunç gerçeği öğrenir. Karşısındaki genç, Derya'nın kamera karşısındaki bütün özel görüntülerini gizlice kayıt altına almıştır. Genç kız önce çok önemsemez, ciddiye almaz kendine yöneltilen tehditleri. Ta ki bu görüntülerin porno sitelerinde yayınlanacağını öğrenene kadar... Bu gerçekle yüzleşmek ağır gelir Derya'ya ve sinir krizi geçirir.

Devam edecek...

6. "Banyoda çıplak olunmamalı" bilinci

Çocuk daha doğduğu andan itibaren ana-babanın şefkatli kolları arasında yedirilir, giydirilir, bakılır, büyütülür... Daha bebeklik çağında, küçük bir küvet içinde hemen hemen her gün banyo yaptırılan bebek, ilerleyen yıllarda anne (veya baba) ile birlikte banyoya girmeye ve birlikte yıkanmaya başlar. 7 yaşına kadar henüz ahlaki gelişim süreci başlamamış bir çocuk için anne-babayla birlikte banyo yapmakta bir sakınca görülmeyebilir. Ancak, çocuğun temel davranış refleksi kazanması ve kendi bedenine yöneltilecek tehlikelerden bir refleksle korunabilmesi için 4 yaşından sonra ebeveyn de tamamen çıplak halde çocukla aynı anda banyoda bulunmamalı ve birlikte yıkanmamalıdır.

Ayrıca çocuklar 4 yaşından itibaren banyo yaparken üzerlerinde külot bulunmalıdır. Böylece çocuklar, genital bölgelerinin görülmemesi gerektiğini pratikte uygulayarak da öğrenir. Çocuğun, özellikle 7 yaşından sonra da genital bölgelerinin her ne sebeple olursa olsun bir başkası tarafından görülmemesi gerekir.

Problem: Derya (15)
Şimdi ne olacak?

Derya yaşadığı bu korkunç olaya bir türlü inanamaz. O gece sabaha kadar kendi kendine korku senaryoları kurar yatağında. "Ya çektiği görüntüleri eve postayla gönderirse, ya annem babam görürse... Ya gerçekten internette yayınlarsa..." Tüm bunları düşünürken hayatının mahvolduğunu hisseder.

Bu korkuyla uykuya dalan Derya, öğlene kadar uyur. Annesi onu kaldırmak için yanına geldiğinde, Derya büyük tepki verir ve annesinin hemen dışarı çıkmasını ister. Uykusunu alamadığını, yalnız kalmak istediğini de belirtir üstelik.

Derya, artık gündüzleri çok huzursuz, sinirli ve hırçındır. Geceleri de düştüğü bu tuzaktan kurtulmak için o gencin karşısına çıkmaya devam eder. Ona yalvarır, o görüntüleri yok etmesi karşılığında istediği her şeyi yapmaya hazır olduğunu söyler.

Genç, Derya'nın bu teklifini kabul eder. Anlaştıkları bir gün, genç kızı kimsenin olmadığı bir eve davet eder. Derya, korku ve çaresizlik içinde gittiği bu evde kendisine ait bütün görüntülerin yok edildiğinden emin olur ve kendince bulduğu çözümü o gün uygular. İnternette tanımadığı bir kişiyle başlayan sohbet, Derya'nın tüm hayatını değiştirecek bir olayla noktalanır ne yazık ki...

Derya eve dönünce odasına kapanır ve saatlerce ağlar. Kendine yardım etmek için şaşkına dönen annesine hiç acımadan şiddetle karşılık verir. Annesi, Derya'daki bu değişikliği ergenlik döneminin bildik sorunları olarak düşünse de genç kızın gün geçtikçe kendilerinden uzaklaştığını görür.

Anne, kızının durumuna oldukça üzülür ve eşiyle konuşur; birlikte bir pedagogdan yardım almaya karar verirler. Endişeli ebeveynler uzmana kızlarıyla ilgili bütün bilgilerini aktarırlar. Pedagog, Derya ile görüşmek ister. Anne, kızına babasıyla yaptıkları konuşmayı ve pedagogun onunla konuşmak istediğini söyler.

Ancak Derya, bu teklifi tepkiyle karşılar:

"Ben artık yetişkin bir kızım. Neyi, nasıl yapacağıma kendim karar verebilecek yaştayım. Beni bunaltmayın, sorunlarım varsa da kendim çözebilirim!"

Derya huzursuzdur. Yağmurdan kaçarken doluya tutulduğunu düşünür. Görüntülerinin internette yayınlanacağından korkarken hayatının en büyük hatasını yapmıştır. Bu durumun bir gün ortaya çıkacağını, artık ailesi için bir yüzkarası olduğunu düşünür. O gece geç saatlerde yine internete girer. Kendine gelen e-postayı okur. Konuştuğu genç, "Seni o kadar seviyorum ki kaybetmekten korkuyorum. Beraber gittiğimiz o evde yaşananları gizli kameraya çektim. Eğer beni terk edersen, videodaki görüntüleri herkese gösteririm," yazmıştır. Genç kız okudukları karşısında donakalır ve bir gölge gibi onu takip eden bu kişiden kendi başına kurtulamayacağını anlar. Derya yine sinir krizi geçirir. Bir yandan her yanı titrer, diğer yandan da kontrolsüzce ağlar. Kızının bağırtılarını duyunca odaya koşan anne, Derya'nın halini görünce korkar. Ona anne şefkatiyle sarılır. Derya da, "Ne olur beni kurtar, beni kurtar anne!" derken hıçkırıklarla ağlar. Anne ne yapacağını şaşırır, komşularına koşar, onlardan yardım ister. Derya hastaneye kaldırılır. Bir psikiyatrın kontrolünde sakinleştirici iğne vurulur. Genç kız kendine gelir, ama onun açısından problem devam ediyordur hâlâ...

Derya'dan bütün hikâyeyi öğrenen psikiyatr, ona bir pedagogla görüşmesini tavsiye eder ve bir terapi sürecine başlamasını önerir.

Devam edecek...

7. "Tuvalette benden başkası olmamalı" bilinci

"Vücudum çıplak görünmemeli" refleks davranışının kazandırılmasındaki en önemli etkenlerden biri de tuvalet kültürünün çocuğa yerleştirilmesidir. Bebeklik yıllarından kalma alışkanlıkla çocuğun her türlü tuvalet ihtiyacını karşılamayı kendine görev bilen bazı anne-babalar, ilerleyen yıllarda da çocukla aynı anda tuvalette bulunmakta bir sakınca görmüyorlar. Birçok anne, tuvalet ihtiyacını giderebilecek çocuklarının, tuvalette yalnız kalmaktan korktuğu gerekçesiyle yanında bulunmayı ya da kapıyı açık tutmayı bir alışkanlık haline getiriyor.

Bunun tam tersi olarak da annesiyle evde günün büyük bir bölümünü yalnız geçiren çocuk, ebeveyn tuvalete girdiğinde korktuğunu söylüyor. Ya annesiyle tuvalette bulunmak ya da kapının açık olması konusunda ısrar ediyor.

Her ne sebeple olursa olsun, 4 yaşına girmiş bir çocuğa tuvaletin "özel" bir mekân olduğu, tuvalet ihtiyacı gideren birinin başkaları tarafından görülmesinin doğru olmayacağı öğretilmelidir.

Çocuğun tuvalette, birileriyle beraber bulunması, kendisi için ileride hayati önem taşıyan temel davranış refleksinin gelişmesini engeller. Çocuk, genital bölgelerinin görülmesinden rahatsız olmamaya, kendisini tuvaletteyken gören birine karşı tepki vermemeye asla alışmamalıdır.

8. "Soyunma ve giyinmede yalnızlık" ilkesi

Tıpkı bundan önceki alışkanlıkların geliştirilmesinde olduğu gibi, çocuğun 4 yaşından itibaren genital bölgelerinin başkaları tarafından görülmesinden adım adım uzaklaşması gerekir.

Çocuk, kendi bedenini izleyen birinden rahatsız olmalıdır. Kötü bakışlara anne-babalar engel olamaz, ama çocuklarına refleks kazandırarak onların bunun üstesinden gelmesini sağlayabilirler. "Soyunma ve giyinmede yalnızlık" ilkesini kazandırmak için 4 yaşından itibaren çocuklar ortalık yerde çıplak halde dolaşmamayı öğrenmelidir.

Böylece, çocuk hem bedeninin "özel" ve korunmaya değer olduğu düşüncesini adım adım öğrenir, hem de bedenine yönelecek bakışları anında hissedebilecek refleksleri kazanma yoluna girer.

Bu noktada şunu belirtmekte fayda var: 4 yaşındaki bir çocuğun kendi kıyafetlerini giyip çıkarması zor olabilir, bu durumda anne-baba ayrı bir odada çocuğun üzerini değiştirmek için ona yardımcı olabilir. Buradaki asıl amaç, çocuğa bedeninin birilerinin görebileceği şekilde sergilenemeyeceği bilgisinin kazandırılmasıdır.

Problem: Derya (15)
Genç kızın gizli dünyası...

İki günlük bir tedaviden sonra hastaneden çıkan Derya, annesiyle birlikte pedagoga gider. Uzman, genç kızın yaşadıklarını özet olarak dinler ve uzun süreli bir terapi sürecine ihtiyacı olduğuna karar verir.

Derya, bu süreçte sözünde durur ve düzenli şekilde terapiye katılır. Pedagogun ilk işi genç kızın video görüntülerini kaydeden kişiyi polise ihbar etmek olur. Derya'nın bilgisayarını inceleyen polis, şantajcıyı kolaylıkla yakalar. Böylece genç kızın üzerinden büyük bir yük kalkar, pedagogla arasında bir güven bağı oluşur. İlerleyen günlerde aralarında şu konuşmalar geçer:

"Tanıştığın kişinin karşısına görüntülü şekilde çıktığında tedirgin olmadın mı?"

"Ona karşı duygusal bir yakınlık duymaya başlamıştım. Bir yandan acaba kötü bir şey olur mu diye korkuyordum, diğer yandan da beni görmesini istiyordum. Çevremdeki herkes beni güzel bulduğu için kendime güveniyordum. Onun karşısına

Birçok çocuk, yetişkinlerin oluşturabileceği tehlikelerin büyüklüğünü ancak 14-15 yaşlarında kavrayabilir.

saçlarımı yapıp, en güzel kıyafetimle çıkmaya çalışıyordum."

"Duygusal yakınlık, daha sonra cinsel bir içerik mi kazandı?"

"Evet... Benimle konuşmak istediği konular dönüp dolaşıp cinselliğe geliyordu. Böyle ilgi görmekten hoşlanıyordum. Sonra benim de duygularımda değişiklikler olduğunu hissettim. Bunlar ilk defa hissettiğim duygulardı... Yalnızlığın ve ilgisizliğin içinde bu kadar ilgi görmek ve böyle yoğun duygular yaşamak mutlu ediyordu beni."

"Sonra, kamerada soyunmanı mı istedi?"

"Ben böyle bir şey yapabilecek biri değildim. Sanki sarhoş gibiydim. Büyülenmiştim adeta... Onun kontrolünden çıkamıyordum. O ne söylüyorsa yapmak zorundaymışım gibi hissediyordum kendimi. Ona öylesine güveniyordum ki bana bir kötülük yapabileceğini hiç düşünmemiştim bile. Rahattım."

"Rahattın, bu yüzden hiçbir şey düşünmek istemiyordun?.."

"Evet, yanlış yaptığımı biliyordum, ama kendimi onun karşısında çok rahat hissediyordum. Aslında kapalı olmama rağmen, o derece açıklık bile beni rahatsız etmemişti. Nedenini bilemiyorum. Belki de her şey yavaş yavaş geliştiği için, nereye kadar ilerlediğimi fark edemedim."

"Bu durum seni rahatsız etmemiş miydi?"

"Rahatsızlık duymuyordum. Sanki çok iyi tanıdığım biriydi."

"Tanıdıklarının yanında da bu kadar rahat olabilir misin?"

"Bilmiyorum..."

"Ne zamandan bu yana yalnız başına bir odada kalıyorsun, hatırlıyor musun Derya? Ne zaman ailenden ve yakın akrabalarından ayrı bir yaşam alanın oldu?"

"Sanırım 11-12 yaşından itibaren ayrı bir odada kalmaya başladım. O zamana kadar ailemden ve çevremden hep çocuk muamelesi gördüğüm için hiç tek başına bir yaşam alanım olmadı, bundan rahatsız da olmadım. Hem neden olacağım ki, onlar benim ailem değil mi?.. Ama doğru söylüyorsunuz, belki de bazen insan yakın çevresinden de beklenmedik şeylerle karşılaşabilir."

Pedagog, Derya'nın söylediği bu son cümle üzerinde ısrarla durulması gerektiğini düşünerek yeni bir randevu verir.

Devam edecek...

9. "İzin verirsem kabul edilirsin" ilkesi

Çocuk, daha bebeklikten itibaren kendi vücudu hakkında söz sahibi değildir. Anne gereken her türlü bakımını gerçekleştirir ve bunları yaparken de ondan izin alma ihtiyacı hissetmez. Zira anne için çocuk ne kadar büyürse büyüsün, çocuktur. O yüzden ebeveynler, oğlunun-kızının odasına girerken, ondan izin alınması gerektiğini düşünemeyebilir. Ancak, 4 yaşından itibaren, "izin verirsem, kabul edilirsin" ilkesi adım adım hayata geçirilmelidir. 7 yaşından sonraysa artık çocuktan izin almadan onun özel dünyasına adım atılmaması gerekir.

Örneğin anne-baba, çocuğunun odasına girerken, (özellikle 7 yaşından sonra) mutlaka izin almalıdır. Onun çıplak vücuduyla aniden karşılaşılması halinde, saygıyla özür dilenip kapı kapatılmalıdır. Çocuğun üzerini değiştirmesi her ne kadar kendisinden beklense de bu işi başaramaması durumunda, ondan izin almadan odasına girmemeli ve "İstersen ben yardım edeyim," şeklinde bir teklifte bulunmadan, çocuğun kıyafetlerine müsaadesiz el atılmamalıdır.

Sadece anne-baba değil, çocuğun yakın çevresi ve akrabaları da aynı dikkat ve hassasiyetle davranmalıdır. Çocuk, odasının özel alanı olduğunu kavrayıncaya, kendi izni olmadan özel dünyasına kimsenin giremeyeceğini ve gerekirse izin vermeyebileceğini öğreninceye kadar bu eğitim devam etmeli, gereken özen gösterilmelidir. Bu davranış kalıbı hem çocuğun kişiliğine saygıyı artırır, hem de rahatsız olduğu bir durumda ona itiraz edebilme becerisini kazandırır.

Problem: Derya (15)
Derya ne demek istiyor?

"Bir önceki randevumuzda, 'Aslında bazen insan yakın çevresinden de beklenmedik şeylerle karşılaşabilir,' demiştin..."

"Evet, tabii ki... Kimseye aşırı güvenmemek gerekir belki de... Değil mi?"

"Bu kişiler yakın akraban olsa da mı?"

"Aslında kimseye aşırı güvenmemek gerekir bence. Herkesin bu dünyada bir çıkarı var. Hele bir de kızsanız, akraba olmak bile bazen boş..."

"Güvenin sarsılmış gibi konuşuyorsun."

"Öyle değil mi ama?"

"Sarsıldı mı?"

"Yeter artık, konuşmak istemiyorum." (Ağlamaya başlar.)

Devam edecek...

10. Akraba-çevre farkındalığı

Çocuklar için güven duygusu çok önemlidir, çevrelerindeki her yetişkine karşı sonsuz güven duygusu beslerler. Onların dünyasında bir yetişkinin yalan söylemesi, kötülük düşünmesi ve anormal davranışlar sergilemesi neredeyse imkânsızdır. Ancak yaşı ilerleyen çocuk, bir yetişkinin aslında ne kadar kontrolsüz olabileceğini, kendisi de dâhil olmak üzere başkalarına nasıl zarar verebileceğini bizzat şahit olarak öğrenmeye başlar.

Çocuğun zihinsel gelişimine paralel olarak algılamaya başladığı bu gerçekler, ona aynı zamanda kendisine zarar verebilecek kişilerden uzak durmayı da öğretir. Ancak, bir çocuğun çevresinde kendisi için tehlike olabilecek kişileri kavrayabilmesi -bir başka deyişle sosyal tehlikelerin farkına varabilmesi- en erken 7-9 yaş döneminde başlar. Hatta birçok çocuk, yetişkinlerin oluşturabileceği tehlikelerin büyüklüğünü ancak 14-15 yaşlarında ya da ergenlik döneminde kavrayabilir.

Temel davranış refleksi oluşturulmaya çalışılan risk grubundaki çocuklara kazandırılması gerekenlerin en önemlilerinden biri de "akraba-çevre farkındalığı"dır. Çocuk bu kazanımla, sadece kendisi için "güven kaynağı" olanlara güvenir. Bu çemberin dışındakilere karşı da bilinçsizce bir refleksle kendini korur.

Amca ile Bakkal Ali Amca arasındaki fark

Çocuklar, yetişkinlerin hepsini "iyi" olarak görürler. Onları her zaman kendilerine iyilikler eden, kendi iyiliği için yol gösterici zannederler. Çocuğun yetişkine böyle bakması onun iç kılavuzunun yönlendirmesidir. Çocuğa yol gösteren iç kılavuz yetişkin yardımına sürekli açıktır.

Ancak üzülerek görmekteyiz ki insan olmanın bir doğal sonucu olan yetişkin-çocuk arasındaki bu yardımsever ilişki günümüzde geçerli değildir.

Her yetişkin çocuk dostu değildir, çocuğa yardım etmeye hevesli de değildir. Bunun ötesinde, ona zarar verebilecek kişilik bozukluğu sahibi olanlar da iyiler arasında karışmış durumdadır.

Bütün bunlara bir de ülkemizde çocukların yetişkine hitap ederken abi, amca, dede, teyze, abla gibi "yakınlık" sıfatları ekleyerek konuşma zorunluluğunu eklersek onların toplum içinde ne kadar da "saf" olmalarına karşın, böylesi kötü niyetli kişilere karşı nasıl da korunaksız olduğunu görebiliriz.

Çocukların yetişkinleri kategorize etmesi ne kadar zor da olsa, ilk çocukluk yanılgıların önüne geçebilmek ve "amca" diye hitap ettiği yabancılar ile kendi amcası arasındaki farkı fark etmesi için ebeveyn rehberliğine ihtiyaç vardır.

Bunun için, örneğin, kendi amcası dışındaki yetişkinlere "amca" diye hitap etmesi değil, o kişinin isminin yanına "amca" kelimesi kullanması tarif edilmelidir. Örneğin, "bakkal amca" veya "bakkal abi"... ya da "Ahmet amca", "Mehmet abi"...

Bunun yanı sıra çocuğun kendi amcasına ise sadece "amca" diye hitap etmesi, bu iki yetişkinin çocuk dünyasındaki algısını değiştirecektir...

Aksi takdirde çocuk amca diye hitap ettiği iki farklı yetişkini de aynı yakınlık ilişkisi yanılgısı içinde değerlendirme yanılgısına düşebilir.

Burada çok tedirgin edici bir şey daha var. Genellikle büyükanneler, büyükbabalar kendi çocuklarının torunlarını yani kuzenleri birbirlerine kardeş diye tanıtmaktan hoşlanırlar. Bu büyükanne açısından güzel bir duygu olsa da, çocuk açısından doğru olmaz.

Örneğin bir babanın hem kızı hem de oğlundan torunları olsun... Dedeye göre torunları kendi çocukları gibidir... Ve sanki sahip olduğu torunların hepsi birbiriyle kardeşmiş gibi gelir kendisine... Ancak, durum çocuk açısından böyle değildir. Büyükanne ve büyükbabaya göre "sanki" kardeş gibi olan torunlar, birbirlerine göre kardeş değil, akrabadır.

Birçok büyükannenin, torunları arasındaki "kardeşlik" bağlarını daha da artırmak için, onların zaman zaman birlikte kalmasında, zaman zaman birlikte yatmasında ve kimi zaman birlikte "kardeşçe" banyo yapmasında bir mahsur olduğunu görmedikleri de bir gerçektir. Hâlbuki, kardeş ayrı, kuzen ayrıdır. Çocuğun kardeşi ile dahi aynı banyoyu kullanması Mahremiyet Eğitimi açısından üzerinde konuşulacak bir konu iken, kuzen yakınlığını kardeş yakınlığına çevirmek için aynı anda banyo yaptırmak, doğru bir davranış olmaz...

11. "Biz" bilincini geliştirme

Yapılan araştırmalar gösteriyor ki zarara uğratılmış çocukların tamamına yakını, yetişkinlere güvendiği için suiistimale uğruyor. Çünkü çocuklar çevrelerindeki yetişkinlere fazlasıyla güvenirler. Bu nedenle, temel davranış refleksi kazandırılmaya çalışılan çocuk, etrafındaki yetişkinlerle belli kategoriler içinde yakınlık kurmayı öğrenmelidir. Çocuk, babasının kardeşi olan amcasıyla, mahalledeki amcayı ayırt edebilmelidir. Ya da amca ile amcaoğlunun arasındaki farkı bilmelidir. Birine güven sınırı en üst noktada, diğerine ise daha sınırlı olmalıdır.

Çocuklarda, yetişkinlere yöneltilen bu "sonsuz güven" duygusunun belli bir reflekse bağlanması, günümüz toplumunda bir ihtiyaç, hatta ihtiyaçtan da öte zarurettir.

Çocuklarda yetişkinleri kategorize edecek bilinç oluşturulurken dikkat edilecek en önemli nokta, çocuğa yönelik psikogenetik kapının kapalı olduğu kişilerle açık olanları ayrı yerlere koymaktır. Bu, insanları "tehlikeli" ya da "tehlikesiz" sıfatları altında gruplara ayırmak değildir. Bu, çocuğun herkese duyduğu sonsuz güvenin sınırlarını "sınırsız güven"den, "normal güven"e doğru daraltma refleksidir.

Bir çocuğun psikogenetik kapılarının kapalı olduğu kişiler anne, baba, kardeş, amca, dayı, dede ve ninedir.

Burada "psikogenetik kapı" kavramı karşımıza çıkar. Acaba bu nedir ve ne anlama gelir?

Kişinin karşı cinse yakınlık hissedebilmesi, psikolojik motive ve ön hazırlık şartına bağlıdır. Bunun için de "psikolojik genlerinde" çatışma olmamalıdır. Normal şartlarda her kişi, (potansiyel olarak) karşı cinse karşı psikolojik gen uyumuna sahiptir. Bu nedenle kadınla erkek, "ateş ile barut"a benzetilir. Ancak bazı kişiler arasında doğuştan gelen bir gen uyumsuzluğu mevcuttur. Cinsel yakınlığa ait psikogen uyum kapısı, bu kişiler arasında sonsuza dek kapalıdır, normal şartlarda birbirlerine cinsel yakınlık duymaları imkânsızdır. Örneğin, bir babanın kendi öz kızına karşı psikogenetik uyumsuzluğu vardır. Ya da bir öz amcanın-dayının kendi yeğenine psikogenetik kapıları kapalıdır. Yani bu ölçüde birbirine yakın kimseler arasında cinsel duygu geçişi yoktur.

Her insan, yaradılışından itibaren belli başlı kişilere psikogenetik uyumsuzluk taşır. Bir çocuğun psikogenetik kapılarının kapalı olduğu kişiler, "baba, anne, amca, dayı, kardeş, dede ve nine"dir.

Bu kişiler çocuk açısından en üst seviyede güven duyulacak kimselerdir. Haricinde kalanlarla çocuk arasında psikogenetik uyum vardır. Bu kişilerle kurulan ilişkilerde güven sınırı en üstte bulunmamalı, sınırlı seviyeye indirilmelidir.

Oğluna-kızına temel davranış refleksi kazandırmaya çalışan anne-baba "biz bilinci"nin oluşturulmasında, psikogenetik kapıların kime açık, kime kapalı olduğunu bilmek zorundadır. Altını bir kez daha çizmek gerekirse, bu bir "tehlikeli" ya da "tehlikesiz" kişiler gruplandırması değildir. Aksine, sosyal hayatın daha da düzenli ve kazasız yürüyebilmesi için, beşerî ilişkileri belirleyen bir mahremiyet kategorisidir.

Çocuğun daha ilk yaşlarından itibaren, "biz" sınırı içindeki bu kişilerle (baba, anne, amca, dayı, kardeş, dede ve nine) iletişimi özellikle arttıracak imkânlar aranmalıdır. Dayı ile görüşmeye özel önem verilmeli, amcayı ziyaret büyük değer taşımalıdır. Çocuğun, dede ve ninelerle olan ilişkisi ise asla zayıflatılmamalıdır. Bir çocuğun kendini en rahat hissedebileceği bu kişiler, küçük aile kavga ve çıkarları nedeniyle asla zedelenmemelidir. Bu kişilerin çocuk terbiyesinde emniyet sigortası rolü üstlendiği asla unutulmamalıdır.

Ayrıca bilinmelidir ki bir amcanın ya da bir dayının kendi yeğenine karşı doğuştan var olan psikogenetik uyumsuzluğu, başkalarıyla kıyaslanamayacak kadar büyük bir değere sahiptir.

Bununla birlikte çoğu zaman karıştırılan bir noktanın altını da çizmekte fayda var: Her ne kadar, amcanın kendi yeğenine karşı kapıları kapalı olsa da amca çocuklarının birbirlerine karşı psikogenetik kapıları açıktır. Aynı şekilde dayı, teyze ve hala çocukları da birbirlerine ilgi duyabilir. Onlar yukarıda bahsedilen "en üst seviyede güven" duyulacak kişiler kapsamı dışındadır.

Kız ve erkek çocukların odası ne zaman ayrılmalıdır?

Çocukların küçük yaşlarda dahi aynı yatakta yatmaları doğru değildir.

Anne yatağından ayrılan çocuğun artık "tek başına" yatması gerekir.

Bununla birlikte kardeşler 7 yaşından itibaren ayrı odalara geçmelidir. Kız ve erkek çocuklar aynı odada en çok 7 yaşına kadar kalabilirler.

İki erkek kardeşin birbirinden ayrılması ise 7 yaşından 12 yaşına kadar herhangi bir sürede gerçekleşebilir.

İki kız kardeşin odasının ayrılması da 7 yaşından 12 yaşına kadar herhangi bir sürede gerçekleşebilir.

Çocuğun 7 yaşında odasının ayrılması, onun kişilik gelişimi açısından olumludur. 12 yaşına kadar geçen süre ne kadar uzatılırsa kendi odasının sahibi olmaktan kaynaklanan kazanımların o kadar erteleneceği de unutulmamalıdır.

Problem: Derya (15)
Derya güven kurbanıdır...

Derya ile görüşmelerini sürdüren pedagog, onun geçmişte bir güven kesintisi yaşadığını hisseder. Bir önceki görüşmeyi ağlayarak yarıda kesen Derya, bir sonraki buluşmaya tedirgin gelir. Pedagog görüşmeye başlamadan önce, bu konuşmanın ona yardım etmek için olduğunu ve anlattıklarının her zaman aralarında kalacağını söyler. Pedagog, belki geçmişte yaşadığı kötü tecrübelerin bugün Derya'yı mutsuz ettiğini anlatmaya çalışırken, genç kız hıçkırıklarla ağlamaya başlar...

"Herkes beni çok iyi, rahat ve neşeli sanıyor. Hâlbuki ben sadece mutlu rolü oynuyorum. Kimse benim neler yaşadığımı bilmiyor. Zaten bilmeleri de imkânsız... Hayatım mahvolmuş, kimse bunu bilmiyor ki..." (Hıçkırıklarla ağlamaya devam eder.)

"Kimseye söyleyememenin nedeni nedir Derya?"

"Kimse inanmazdı ki bana. Hem söylersem çok kötü şeyler olacağını biliyorum. Babam amcamı öldürür diye korktum hep."

"Neden babanın amcanı öldüreceğini düşünüyorsun?"

"Babamın, her şeyden amcamı sorumlu tutacağını biliyorum. Çünkü babam, amcama çok güveniyor."

"Amcanın sorumluluğu yok mu?"

"Amcanın hiçbir şeyden haberi yok ki. Ama babam onu sorumlu tutar, biliyorum. Eğer babam bir öğrenirse beni de yaşatmaz."

"Amcanın haberi yok..."

"Evet, ne onun ne de yengemin haberi var..."

"Ne amcan ne de yengen, kimse bilmiyor."

"Kimse bilmiyor; bir o biliyor, bir ben, bir de Allah..."

"O kim?"

"Amcamın oğlu"...

Bir süre sessizlikten sonra Derya içini dökmeye başlar:

"Biz, amcamlar, teyzemler, halamlar ve dayılarımla hep beraber yaşadık. Onların çocuklarıyla birlikte büyüdüm. 5-6 yaşlarındaydım... Bazen hafta sonlarında, bazen de tatillerde onlarda kalmayı çok istiyordum. Çünkü amcamın 19 yaşındaki oğlu beni çok seviyor, benimle yakından ilgileniyordu. Ne zaman oraya gitsem hep benimle oynar, her dediğimi yapardı. Yengem de ikimizin iyi anlaştığını bildiği için, arada bir, 'Kız, yaşın az daha büyük olsaydı seni gelinim diye alırdım,' diye şaka yapardı. Ben evliliğin ne demek olduğunu bilmediğim için, 'Zaten ben de senin gelinin olmak istiyorum,' diye karşılık verince herkes gülerdi. Aslında ben, amcamın oğlunu çok seviyordum. Ama bu sevgi daha çok bir ağabey yakınlığıydı aslında. Onun benimle ilgilenmesini ve bana değer vermesini seviyordum."

"Amcanın oğlundan ilk kez ne zaman rahatsız oldun?"

"Onların evi küçüktü, ben amcamın oğlu ile aynı odada kalmak zorundaydım. O yerde yatıyordu, ben onun yatağında. Bir keresinde o yerde üşüdüğünü söyleyip yanıma geldi. Birbirimize sarıldık yattık. Ama o sırada o uyumuyordu. Bana dokunuyordu. Ben gıdıklanır gibi oluyor, gülüyordum. Yaptıklarının ne anlama geldiğini bilmiyordum. Sonra bu hep böyle devam etti. Büyüdükçe yaptıklarından rahatsız olmaya başlamıştım, ama kendimi de suçlu hissediyordum. Bu yaşananları birilerine söylersem çok kötü şeylerin olacağını düşünmeye başlamıştım. Çaresiz yaptıklarına razı oldum hep."

Derya örneğinde olduğu gibi, bir çocuğa şefkat gözüyle bakan yetişkinler, bazen küçük detayları gözden kaçırabilir. Derya henüz 6 yaşındadır ve yengesi, kendi oğluyla aynı anda banyo yapmalarına izin verir. Ne de olsa ikisi amca çocuklarıdır ve kardeştirler. Ancak, amca çocukları arasında psikogenetik kapının açık olduğu bilinmezse telafisi çok güç hatalar yapılabilir. Tıpkı Derya örneğinde olduğu gibi...

Her ebeveynin görevi çocuğuna 'şüpheciliğe' meydan vermeden 'güven sınırını' öğretebilmektir.

Bir çocuğa "şüpheciliğe" meydan vermeden "güven sınırı"nı öğretebilmek anne-babanın en önemli görevlerinden biridir.

Yukarıda sayılan "biz" grubundaki kişilerle ilişkilerde güven sınırı en üst seviyede olmalıdır. Ebeveynler bu kişilerle çocuğun güven bağının zedelenmemesine özel gayret sarf etmelidir. Örneğin, zaman zaman "Teyze, annenin yarısıdır. Amca baba gibidir," gibi vurgular yapmalıdırlar. Bunu ifade ederken, "biz" sınırının dışındaki kişilere karşı çocuğun aşırı güven duygusunu destekleyici vurgulardan da kaçınmalıdırlar.

"Kim kimdir" bilinci ve refleksi oluşturulmuş çocuklarda, sınırlı güven kategorisinde yer aldığı halde, sınırsız güven isteğiyle çocuğa yaklaşanlar, çocuk tarafından kolaylıkla dışlanır. Çocuk böyle kişilerden uzak durmaya çalışır, teklif ettikleri hediyeleri almaz ya da onların ıssız bir yerde oyun oynama tekliflerine "hayır" cevabı verebilir.

SOSYAL DAVRANIŞ BECERİSİ KAZANIMI

Bundan önceki bölümde, çocuklara 4 yaşından itibaren temel davranış refleksi" kazandırılması üzerinde durduk. Temel davranış refleksi ile çocuk, kendisine yöneltilecek bir tehlikeye refleksle karşı koymayı öğrenme sürecini içeriyordu. Çocukları suiistimale karşı eğitmenin ikinci bölümünü, sosyal davranış becerisi kazandırma oluşturuyor.

Çocuğun, kendisine yapılan anormal teklif ve konuşmaları anlayabilmesi ve bu türden yaklaşımları geri püskürtebilecek beceriyi kazanmasına sosyal davranış becerisi denir. Yani, temel davranış refleksiyle kendisine yönelen tehlikeleri "bilinçsizce" geri iten çocuk, Sosyal Davranış Becerisi kazanarak bunu "bilinçle" yapıyor.

1. Öfke Suiistimali Önler

Çocuğun yaradılıştan getirdiği fıtratı ve duygularıyla gereksiz yere oynanmamalıdır. Bu duygular zorlamalarla yıpratılmamalıdır. Aksine ebeveynler bu hislerin korunması ve geliştirilmesi için özenle hareket etmeli, duygularını yerinde ve zamanında kullanmayı çocuğa öğretmelidir.

Öfke, çocuğu birçok tehlikeden korur. Ne yazık ki günümüzde çocuk eğitimindeki doğrularla yanlışlar birbirine girmiştir; anne-babalar da sağlıklı bir insanda bulunması gereken birçok özelliği bilinçsizce köreltmektedir. Bunların başında da yok edilmeye çalışılan "öfke" duygusu vardır.

Öfke, her insanda doğuştan var olan, insanı korumak üzere programlanmış bir savunma mekanizmasıdır. Bilinenin aksine, sağlıklı her insanda öfke duygusunun bulunması gerekir.

Güçlü veya güçsüz fark etmez, öfke anında salgılanan hormonlar, kendisinden katbekat güçlü birini yere serebilecek enerji verir kişiye. İnsan, içinde taşıdığı öfke sayesinde, kendini sosyal hayatta güvende hisseder. Öfkesiyle, onurunu korumaya çalışır. Öfke sayesinde insan, namusuna uzatılan ele karşılık verir. Öfke refleksi kırılmış bir insansa korkak ve çaresiz olur. Şahsına yönelecek tehlikelere karşı kanatlarını açamaz, dişlerini ve yumruklarını sıkamaz. Ses tonunu değiştirip hasmının üzerine yürüyemez.

Böyle önemli işlevleri bulunan öfke, çocuk terbiyesi sırasında anne-babalar tarafından çok defa, "Çocuğum agresif davranıyor," söylemi doğrultusunda çocuğun sindirilmesiyle ne yazık ki ortadan kaldırılıyor.

Sağlıklı her insanda öfke duygusu bulunmalıdır. Anne-babalar çocukların öfkesini köreltmemelidir.

Terapi görüşmesi: A. Hanım (37) (8 yaşında tacize uğrayan Erol'un annesi)
"Çocuğumun öfkesini söndürdüm."

"Benim hatam, çocuk terbiyesinde çevreme çok kapılmamdan kaynaklandı. Ne zaman komşu oturmalarına gitsem, çok hırçın diye oğlumdan şikâyet ediyorlardı. Güya çok sinirliymiş, başka çocuklara zarar veriyormuş. Keşke o dönemde bir pedagogla görüşseydim, çocuğum sıkıntılarını daha rahat atlatırdı. Ama ben, kendimce kararlar verip çocuğumun hırçınlığına engel olmaya çalıştım hep. Bildiğim bir yöntem vardı, o da şiddet. Oğlum, ne zaman yaramazlık yapmaya kalksa tepkim aynı oluyordu. Neredeyse iki yıl, çocuğumun kafasını kaldırmasına bile müsaade etmedim. Sonra fark ettim ki oğlumu "pısırık" yetiştiriyorum. O cıvıl cıvıl çocuk, elimde çiçek gibi soldu gitti. Bir yandan ben, bir yandan da mahalledeki arkadaşları onun kolunu kanadını kırdık. Sonunda da işte o olay oldu. O adam, çocuğun kolundan tutmuş ve inşaata götürmüş. (Ağlayarak) Yavrum hiç itiraz bile edememiş..."

Öfke, Sosyal Hayatı Düzenler

Bir kapkaççı, kendisinden çok daha güçsüz olan bir genç kızın çantasını aldıktan sonra neden kaçar? Ya da hırsızlar ellerinde silah olduğu halde neden sessizce ve gizlice hırsızlık yapmaya çalışır? Ve ötesinde, çocuk tacizcileri, neden acele etmeden, adım adım ve sabırla planlarını yürütür? İşte tüm bunların altında yatan sebep, maruz kalınacak "öfke"den korkmaktır.

Gerek toplumun, gerekse mağdurun öfkesinden korkan hırsız, yankesici veya tacizci planladığı eylemi, öfkeye maruz kalmayacak şekilde hayata geçirmeye çalışır.

Öfke, Tacizden Korur

Yapılan araştırmalar ve pratik tecrübeler gösteriyor ki zarara uğratılan çocukların tacizcinin elinden kurtulamamasının en önemli nedenlerinden biri, "öfke duygusunu kullanamamak"tır. Öfkenin faydaları düşünülmeden, sadece zararları göz önünde tutularak uygulanılan terbiye yöntemleri, çocukların kötü niyetli kişilerin tuzaklarına düşmesini kolaylaştırır. Zarara uğratılmış çocuklarla röportajlar yapılır. "Neden karşı koymadın?" sorusuna çocukların büyük çoğunluğu, "Karşı koyarsam, bana kızacağından korktum," diye cevap verir. Hâlbuki öfke, işte tam bu noktada gereklidir ve koruyucu bir silah gibi devreye girmelidir. Çocuklar, taciz anında yaşadıkları korku ve endişe yüzünden öfke duygusunu kullanıp bağırıp çağırmaları, ortalığı birbirine katmaları gerekirken; ne yazık ki bir kuş gibi çaresizce tacizcinin elinde kalakalırlar.

Sosyal davranış becerisi kazanan çocuk, kendini tehlikelerden 'bilinçlice' korur.

Tacize uğrayan çocukların aile yapıları incelendiğinde, bu çocukların sürekli psikolojik ve duygusal baskı altında tutuldukları, aile içinde öfke reflekslerini kullanamadıkları ortaya çıkar.

Sosyal Hayatın Provası Evde Yapılır

Günümüz aileleri sorunsuz çocuk istiyor. Garip ama 3-5 yaşındayken evin kurallarına uymadığı için suçlanan çocuk, koltukta hareketsizce oturmaya zorlanıyor. Büyüklerin sözünü dinleyenlerse, "aferin, maşallah, ne kadar da akıllı çocuk" diye, yaşıtlarına örnek gösteriliyor. Bu tarz "zoraki" davranışlara sürüklenen çocuk, belki anne-babanın rahat bir gün geçirmesini sağlıyor, ama çocuğun sosyal gelişim süreci düşünüldüğünde hiç de doğru davranılmıyor.

Çocuk için ev ortamı, tiyatroların prova dönemidir. Bir tiyatro sanatçısı oynayacağı oyunun provalarını gözlerden uzak, ama mesleğinde usta birilerinin huzurunda gerçekleştirir. Çocuk da sosyal hayata ait kuralları aile içinde, anne-babasının yanında prova yaparak gündelik yaşamda nasıl kullanacağını öğrenir. Aile içinde sorunlarla karşılaşan çocuğun deneme yanılma yoluyla sorunları çözmeye gayret sarf etmesine müsaade edilmelidir. Problemleri yanlış yoldan çözmeye çalışsa

Vicdanın sosyal yansıması kişiler arası ilişkide saygı ve nezaket, başkalarının hakkını görüp saygı duymaktır.

da buna izin verilmelidir. Çocuğun çözüm için çaba göstermesi oldukça önemli ve değerlidir.

Örneğin birçok çocuk, sorun çözmenin en kolay yolu olarak ağlamayı seçer. O halde bırakın çocuk, ağlayarak sorun çözme provası yapsın ve problemlerini böyle çözemeyeceğini görsün. Ama ağlayan çocuğu asla sindirmeyin. Bu şekilde çözüme ulaşamayan çocuk, isteğini elde edebilmek için, (belki de) sorun çözmenin ikinci yöntemi olarak evde terör estirmeyi seçer. Bırakın bunu yapsın. Öfkesini kullanma becerisini geliştirsin. Zaten aile bu provalar için kurulmuş bir müessese değil midir?

Pedagog Mustafa H. K. Turasalı

Öfkenin Önüne Geçilmeli midir?

Çocuk terbiyesiyle meşgul bir anne-babanın aklına bu noktada, "Çocukların öfkesinin önüne geçmezsek, çocuk ileride hem kendine hem de çevresine zarar vermez mi?" sorusu takılabilir. "Evet, verir" diyebiliriz cevaben. Eğer çocuk terbiyesinde, çocuğun öfkesini nasıl kullanacağı yönünde bir yöntem izlenmezse, öfke, hem çocuğun kendisine hem de çevresine ciddi zararlar verebilir.

Öfke Kontrolü

Bir yandan öfke duygusunun önü açılırken, diğer yandan da öfkenin gerektiği yerlerde kullanılması hangi eğitim metoduyla gerçekleşir? Bu sorunun cevabını vermeden önce, öfke terbiyesinde sıkça yapılan birkaç yanlıştan bahsetmekte fayda var.

Unutulmamalıdır ki öfke bir duygudur. Akıl, öfkeyi önlese bile öfke, aklı bastırabilecek kadar güçlüdür. Bu nedenle, öfkeli bir insana sadece, "Aklını kullan, sakin ol," demek bir anlam ifade etmeyebilir. Ya da "Öfke anında derin nefes al ve 10'a kadar say," gibi tavsiyeler, pratikte çok geçerli olmayabilir.

2. "Hayır" Diyebilmeyi Öğrenmek

Çocukların bir taciz esnasında nasıl davranacağı konusunda verilecek eğitimin bir başka unsuru da çocukların "hayır" demeyi öğrenmesidir. Suiistimal edilmiş çocuklarla yapılan röportajlarda görülen gerçeklerden biri de tacize uğrayan kişinin ilk andan itibaren "hayır" diyememesidir.

Problem: M. Hanım (37) Evli, 3 çocuk annesi
Şeker ve çikolataları çok seviyordum...

"6 yaşındaydım. İyinin ve kötünün ne olduğunu kavrayabilecek yaşta değildim. Annemi suçlamak istemiyorum, ama gereksiz yere koyduğu kurallar beni diğer arkadaşlarıma özendiriyordu. Örneğin, ben çikolatayı, şekeri çok seviyordum, annem 'dişlerin çürür' diye vermiyordu. Hep arkadaşlarımın çikolatalarına iştahla bakardım. Mahallemizdeki bakkalda çalışan çocuk, çikolatayı çok sevdiğimi bildiği için para almadan bana çikolata verirdi. Ben de onu gizli gizli yerdim. Keşke o çikolataları almasaydım. Aldıkça ona karşı kendimi borçlu hissediyordum sanki. Çikolatalarla önce güven kazandırdı kendine. Annem beni bakkala göndermişti bir gün, bakkalın sahibi yoktu, beni yanına çağırdı ve yine çikolata verdi. Ama ondan sonra bana dokunmaya başladı. Ben hiç sesimi çıkartamıyordum. Sadece çikolatamı yiyordum. Bu bir süre böyle devam etti. Allah'a şükür ki bir süre sonra o mahalleden taşındık. Şimdi düşünüyorum, ya o mahallede kalsaydık..."

Devam edecek...

Yandaki örnekte, 6 yaşındaki M.'nin çikolata isteğinin nasıl da kullanıldığına şahit oluyoruz. M'nin, çırağın verdiği çikolataya ilk gün "hayır" diyememesinin sebebi, ilk etapta çikolataya olan sevgisi ve annesinin koyduğu "anlamsız" yasağa tepkisi gibi gelse de gerçekler, M.'nin evindeki bir ayrıntıda gizli.

Problem: M. Hanım

"Hayır"ın gücünü bilmiyordum ki...

"Başımdan geçen bu olayı, daha sonra da kendimi sorguladım. Acaba, annemin koyduğu çikolata ve şeker yasağı mı beni bakkalın çırağının tuzağına düşürmüştü? En kolay cevap aslında 'evet'ti. Çünkü çikolatayı çok seviyordum ve evimizde çikolata yasaktı. Ama yıllar sonra okuduğum bir kitap vesilesiyle kendimi yeniden sorguladım. Orada çocuklara 'hayır' diyebilme becerisinin kazandı-

Henüz vicdan mekanizması gelişmemiş çocuğa 'hayır'ı öğretmek doğru değildir.

rılması gerektiği, aksi halde yaşanması muhtemel problemler anlatılıyordu. Kendi çocukluk yıllarıma baktığımda asıl eksikliğimin bu olduğunu anladım. Aile içinde hiçbir değerim yoktu. Annemler komşu ziyareti yapacağı zaman ben, 'Hayır, gitmek istemiyorum,' dediğimde kimse bunu önemsemezdi. Yaka paça, zorla giydirilip götürülürdüm. Yemek yemek istemediğimde de durum aynıydı. Zorla ağzıma yemekler tıkılırdı. Annemin giymemi istediği kıyafeti beğenmeyince de benim fikrimin bir önemi olmazdı. Yine annemin istediği olurdu. 'Hayır' demenin, 'istemiyorum' demenin bir işe yaramayacağını ta o yıllarda öğrenmiştim. Çünkü benim 'hayır'larımı kimse dinlemiyordu. Şimdi geri dönüp baktığımda daha iyi anlıyorum, bakkal çırağının yanında bekleyişimin ve ona karşı koyamayışımın sebebi içimdeki büyük çaresizlikti... Biliyordum, öyle alışmıştım; kendimden büyüklere 'hayır' demenin hiçbir anlamı yoktu. Evet, kendimi sorguladığımda görüyorum ki, o an 'hayır, yapma' diyebilseydim, ona fırsat vermemiş olacaktım."

M. Hanım örneğinde olduğu gibi, çocuğa "hayır" demeyi öğretebilmekle, çocuğun isteklerine devamlı "hayır" cevabı vermenin bir ilgisi yoktur. Küçük M. annesinden, çocukça isteklerinin karşılığında devamlı "Hayır, olmaz," cevabını almışsa da, kendisi "hayır" demeyi öğrenememiştir.

Çocuğun "hayır" kelimesini kullanmayı öğrenmesinin temel şartı, çocuk "hayır" dediğinde ebeveynin bu cevaba saygı duyması ve bunu "evet"e çevirmek için çaba harcamamasıdır. Aile içinde kendini değerli bulan, duygu ve düşüncelerine saygı duyulan ve hak ettiği statü verilen çocuk, kendini rahat ifade eder.

Çocuk, hoşuna gitmeyen bir talep karşısında, "hayır" diyebiliyor ve bu tercihi ailesi tarafından saygı görüp bu isteksizliği anlayışla karşılanıyorsa; böyle bir çocuk, taciz olaylarına karşı savunma sistemini de geliştiriyor demektir.

Ancak bu noktada bir hususun altını çizmekte fayda var: Henüz "vicdan" mekanizması gelişmemiş çocuğa "hayır"ı öğretmek doğru değildir. Çünkü vicdani duyguları gelişmemiş bir çocuğun "hayır" demeyi öğrenip kullanması, anne-babaya bıkkınlık verebilir.

BİLİNÇLİ ŞÜPHECİLİK

Şüphe, bir suiistimalin ortaya çıkarılmasında en önemli etkendir. Bütün anne-babalar, öğretmenler, kurum ve kuruluş idarecileri, akraba ve komşular çocuğun zarara uğratılması konusunda "bilinçli şüphecilik" ile hareket etmelidir.

Mesela bir çocuğun elini tutmuş, inşaat alanına doğru yürüyen bir yetişkini görenlerin aklına "Acaba?" sorusu gelmelidir. Çocukta görülen davranış bozuklukları, çocuğun yakın çevresi tarafından "Neler oluyor?" şeklinde yorumlanmalıdır. Eğer bu bilinçli şüphecilik olmazsa, gizli bir suiistimalin ortaya çıkması hemen hemen imkânsızdır. Ancak hiçbir zaman şüphecilik bir hezeyana, bir vesveseye dönüşmemelidir. Bunun için de ebeveynler suiistimal edilmiş çocukların davranışları ve ruh hali hakkında gerçek bilgi birikimine sahip olmalıdır.

Ebeveynin Tedirginliği Çocuğa Yansır

Günümüz medyasını takip eden, sokaklarda ve yakın çevrede yaşanan suiistimal olaylarını duyan hassas bir

Tedirginlik gerilimi, akılcı ve mantıklı düşünmeyi engeller.

anne-baba ister istemez tedirgin olur. Ancak bu hal gerilimi; gerilim de akılcı ve mantıklı düşünmeyi engeller. Hâlbuki taciz konusunda bilinçli bir yol takip etmek isteyen bir anne-babanın en önemli ihtiyacı mantıklı düşünme becerisidir.

Bilinçli anne-babalar, çocuklarıyla ilgili bazı konularda şüphelenseler de onlara tedirginliklerini hissettirmemelidir. Çocuk, ebeveynindeki bu huzursuzluğu fark ederse, paylaşmayı düşündüğü bir problemi sırf bu nedenle paylaşamayabilir çünkü. Ya da anne-babanın düşündüklerinin aksine, çocuk hiçbir şekilde zarara da uğramamış olabilir. Bu durumda ebeveynin ruh hali çocukta olumsuz davranış sapmalarının ortaya çıkmasını tetikleyebilir.

Çocuk zarara uğratılmışsa zaten kendini suçlu ve sorumlu hisseder, dünyası karmakarışık olur. Bu çetrefilin içine bir de anne-babasının aşırı tedirginliğinin eklenmesi, çocuğun ruh dünyasında hiçbir pozitif tesir oluşturmaz. Aksine, telafisi mümkün olmayacak yanlışlara sebep olabilir. Bilinçli şüphecilik, bir anne-babanın olmazsa olmaz özelliğidir. Ama tedirginlik ve panik yapmamak şartıyla...

Problem: Emre (10)
"Neler oluyor oğlum sana?"

Seda Hanım, oğlu Emre'nin son günlerdeki davranışlarına bir türlü anlam veremez. Sessiz, sakin bir karaktere sahip olan Emre, son bir hafta içinde bambaşka bir çocuğa dönüşmüştür. Daha önceleri annesiyle konuşmaktan büyük zevk alan, güler yüzlü, sevecen insan gitmiş; yerine öfkeli, sinirli ve iletişim kurulması zor, başka biri gelmiştir sanki.

Telaşlı anne bu konuyu eşiyle konuştuğundaysa, "Abartmaya gerek yok, Emre ergenlik çağına giriyor olabilir," diye bir cevap alır. Yalnız bu açıklama annenin içini rahatlatmaz. Doğduğu günden bu yana tek çocuğunun üstüne titreyen Seda Hanım, oğlunun on gün içinde ergenliğe girip bir anda değişmeyeceğini, bir yerde bir problem olduğunu düşünmeye devam eder: "Acaba okulda arkadaşlarıyla kavga etmiş olabilir mi? Yoksa dersleri çok kötü mü gidiyor?.." Bunun gibi onlarca soru sorar kendine, ama hiçbirinin cevabını bilemez. Oğluyla konuşmaktan başka yapılabilecek bir şey yoktur. Ve okuldan dönen Emre'yi oturma odasına alıp sohbete başlar:

"Oğlum son zamanlarda çok sinirlisin, çok öfkelisin. Eve geliyor gidiyorsun, ama bizimle hiç konuşmuyorsun. Ne oluyor sana? Ben senin annenim anlat bana ne varsa, ne yaşıyor ve hissediyorsan..."

Annesinin soruları karşısında Emre birden patlayıverir:

"Ne diyorsun ya, ne olmuş yani bana? Konuşmak zorunda mıyım? Ben büyüdüm artık, uğraşmayın benimle!" der ve evden çıkar.

Seda Hanım, can sıkıntısıyla komşusu Gülay Hanım'ın yanına gider ve olanları ona anlatır. Gülay

Hanım, arkadaşını daha da telaşlandıracak şeyler söyler:

"Geçenlerde bir internet sitesinde okumuştum. Böyle davranan çocukların suiistimal edilme ihtimalinden bahsediyordu." Zaten uzun zamandır içi içini kemiren Seda Hanım duydukları karşısında şok geçirir. Komşusu bir öneride bulunur:

"Yerinde olsam, Emre'nin en çok sevdiği öğretmeniyle bu konuyu açıkça konuşurdum."

Seda Hanım o gece sabahı zor eder. Emre'nin kahvaltısını yaptırıp onu okula gönderdikten bir süre sonra kendisi de okula, beden eğitimi öğretmeninin yanına gider. Öğretmenle ayrı bir odaya geçen Seda Hanım, şüphelerini anlatır. Öğretmen önce şaşırır, sonra Seda Hanım'a böyle bir şey düşünmemesini ve sakin olmasını söyler. Emre'nin okulda çok iyi bir öğrenci olduğunu ve düşündüğü gibi bir sorununun olamayacağının altını çizer. O da tıpkı Seda Hanım'ın eşi gibi, "ergenlik dönemi sorunları" olabileceğinden bahseder.

Telaşlı anne, bu konuşmadan sonra rahatlar. Sanki üzerinden koca bir yük kalkmıştır. Eve gider ve günlük işlerine kaldığı yerden devam eder. Seda Hanım artık Emre'deki olumsuz değişiklikleri klasik ergenlik problemleri olarak görmeye başlar. Ta ki oğlunun alt iç çamaşırının olmadığını görünceye kadar...

Emre, akşam üzeri pantolonunu çıkarıp eşofmanını giymek üzere iken, tesadüfen annesi odasına girer ve Emre'nin iç çamaşırının olmadığını görür. Anne, şaşkın vaziyette oğluna sorar:

"Senin iç çamaşırın nerede?"

Emre bir yandan dolabın arkasına gizlenip pijamasını giyerken, diğer yandan da yarım ağızla annesine cevap verir:

"Giymemiştim."

Seda Hanım öfkelenir bu kez:

"Saçmalama, pazar günü banyo yaparken sana iç çamaşırlarını ben verdim. Bana doğruları söyle, nerede iç çamaşırın?"

Annesinin bu sinirli hali karşısında Emre cevap vermeden odadan çıkmak ister. Seda Hanım ise kapıdan çıkmasına izin vermez ve Emre'nin kolundan sıkıca tutarak yeniden sorar:

"Emre! Söyle diyorum, iç çamaşırın nerede?"

"Yeter be! Yeter ya! Bırak artık peşimi! Ne demek istiyorsun çamaşırın nerede, çamaşırın nerede diye? Giymedim diyorum, anlamıyor musun, giymedim, giymedim, giymedim!" diyerek odanın kapısını yumruklar. Seda Hanım yere çöker ve hıçkıra hıçkıra ağlamaya başlar.

Devam edecek...

Çocuklara yönelik suistimaller, yetişkinlerin yaşadıklarından çok farklıdır.

Tacizin Şahidi Olmaz

Birçok anne-baba, çocuklarında "olası" bir suiistimal karşısında bir dedektif gibi iz sürer. Şüphelerini çevresiyle paylaşır, onlardan yardım ister. Şüphelerinin doğru olup olmadığını, oğlunun-kızının oturup kalktığı arkadaşlarına veya çevresindeki kişilere laf aralarında hissettirmeden sormaya çalışır. Hâlbuki taciz, geride şahit bırakmayan, mağdurunu bile yaşananları gizlemeye yönlendiren tek suçtur. Suçlu ve mağdur aynı olaya şahit oldukları halde, mağdurun tacizciyi ele verdiği çok nadirdir. Taciz olaylarında şahit bulmak da neredeyse imkânsızdır. Çünkü vakalar incelendiğinde tacizcinin akıl almaz derecede ayrıntılı plan ve program yaptığına, çok sabırlı, planlı ve zekice hareket ettiğine şahit oluyoruz.

Çocuklara yönelik suiistimaller, yetişkinlerin başına gelenlerden çok farklıdır. Yetişkin birinin zarara uğratılmasında daha çok güç kullanma, plansız davranma, geride iz bırakma gibi özelliklere rastlanırken; çocuklar söz konusu olduğunda uzun zamana yayılan bir plan, güç kullanmadan ikna ve sabırla son anı bekleme söz konusudur.

Bu nedenle anne-baba, bir taciz olayından şüphelendiklerinde hemen bir kanıt veya şahit bulacaklarını düşünmemelidir. Bir suçluyu tespit etmek ve yakalamakta kullanılan yöntemler, çocukların zarara uğratılmasında geçerli değildir. Bütün suçlarda polis, suçlunun geride bıraktığı izleri takip ederek suçluya ulaşmaya çalışır çünkü.

Örneğin, bir hırsızlık olayını araştıran polisin elinde somut bilgiler mevcuttur. Hırsız eve girmiş ve orayı talan etmiştir. Her şey apaçık ortadadır. Evi soyulan mağdur şikâyetçidir ve elinden geldiğince hırsızın yakalanması için polise gerekli bilgileri aktarır. Evi soyulan hiçbir mağdur, evinin soyulduğunu gizlemez. Ancak ne yazık ki taciz olaylarında durum bundan çok farklıdır. Mağdur her ne kadar mağdur da olsa, yaşanan olayı gizlemeye çalışır. Suiistimal edilmiş bir çocuk, evi soyulan bir ev sahibi gibi polise yardım etmek yerine, kendisinden bilgi almak isteyenleri yanıltmayı dener. Unutmamalıdır ki suiistimalde suçlunun geride bıraktığı izler değil, taciz olayından sonraki günlerde, çocuğun ortaya koyacağı davranışlar daha belirgin rol oynar.

Peki, şüphecilik kıskacındaki anne-babalar, zihinlerini kemiren sorularının cevabını nasıl alabilir? Taciz yaşamış bir çocuk, hangi sinyalleri verir, nasıl davranışlar sergiler?

Problem: Sibel (14)
Küçük bir işaret...

Sibel'in sınıf öğretmeni, annesi Melek Hanım ile özel olarak görüşmek istemişti. Çünkü çok başarılı bir öğrenci olmasına rağmen Sibel'in son 6 aydır dikkati çok dağınıktı ve derslerine gereken önemi göstermiyordu. Sınıfta hiç durmadan konuşan, gülen, sınıfın neşe kaynağı olan çocuk, son aylarda sessizleşip resmen içine kapanmıştı. Sınıf öğretmeni, Sibel'in bu durumunun neden kaynaklandığını annesiyle konuşarak öğrenmek istedi:

"Sibel, son aylarda iyice içine kapandı. Teneffüste arkadaşlarıyla dışarı çıkmak yerine, başını sıraya koyup uyumayı tercih ediyor. Derslerini günü gününe takip eden bir öğrenciyken, son zamanlarda hiçbir ödevini yapmıyor. Bütün öğretmenleri de tüm bu değişikliği fark ediyor. Evde nasıl?"

"Aynı şeyler evde de geçerli. Son zamanlarda Sibel ne kardeşleriyle ilgileniyor ne de evde olan bitenle. Okuldan gelir gelmez odasına gidiyor ve yatıyor. Sadece uyuyarak vakit geçirmek istiyor sanırım. Yemek vakti gelince kalkıyor, geliyor aramıza. Sonrasında yine odasına çekiliyor."

"Siz neye bağlıyorsunuz bunu?"

"Sibel geçen yıl ergenlik dönemine girdi. Ondan olabilir mi?"

"Söylediğiniz gibi olsaydı, bu sorunların geçen yıl başlaması gerekmez miydi? Önemli bir sorun olabilir. Bence bir pedagogla görüşmekte fayda var."

Melek Hanım, öğretmenin bu son cümlesini şaşkınlıkla karşılar.

Devam edecek...

Taciz Yaşayan Çocuklardaki Davranış Bozuklukları

Suiistimal edilen her çocuk farklı tepkiler verir. İçine kapanık, duygusal çocuklarda olayın yıkıcılığı çok daha ağır olur. Çocukta gerçekleşen bu durum, dış dünyaya farklı davranış bozuklukları olarak yansır. Bu itibarla baktığımızda, çocuklarda taciz sonrası ortaya çıkan sinyalleri iki kategoriye ayırmamız mümkündür:

1. Kız çocuklarında taciz sonrası ortaya çıkan belirtiler

2. Erkek çocuklarında taciz sonrası ortaya çıkan belirtiler

Problem: Emre (10)
Telaş yerine, bilinçli gözlem...

Seda Hanım, artık televizyonda çocuklara yönelik taciz ve suiistimallerle ilgili haberleri daha dikkatli takip etmeye başlar. Gazetelerde ve internetteki haberleri titizlikle okur. Komşusu Gülay Hanım'ın ortaya attığı düşünce artık bir vesveseye dönüşmüştür çünkü içinde. Günün büyük çoğunluğunu dalgın halde geçirir. Hayalinde Emre'nin küçüklüğündeki

Karşısındaki kişiyi terslemek, azarlamak, hafife almak zarara uğratılmış erkek çocuklardaki en belirgin özelliklerdir.

masum yüzü ve neşeli hali vardır hep. Oğlunun o halinden eser yoktur şimdi. Seda Hanım, eşine haber vermeden bir pedagogla görüşmeye gider.

İlk görüşme sonrasında pedagog, Seda Hanım'ın sakinleşmesini, panik yapmamasını ve tedirginliğe kapılmamasını tembihler. Emre'nin şu anki anormal davranışlarının tek başına bir taciz belirtisi olamayacağının altını çizer. Erkek çocuklarda belli yaşlarda bu tür anormal davranışlar yaşanabileceğini belirtir. Seda Hanım bu söylenenleri duyunca biraz olsun rahatlar. Pedagog, Seda Hanım'a bir form verir. Bu formda, muhtemel taciz yaşamış çocuklara yönelik gözlem bilgileri yer alır. Anne, iki hafta boyunca oğlundaki davranışları gözlemleyecek ve bu formdaki soruları yanıtlayacaktır. Görüşme sonunda Seda Hanım gayet huzurludur. Öncesinde her şeyin kontrolü dışına çıktığını düşünürken, artık yanında kendisine destek veren bir pedagog vardır. Hızlıca eve gider ve elindeki formda geçen soruları tek tek okur. O gün Emre'yi telaşlanmadan ve daha bilinçli bir gözle izlemeye başlar.

Devam edecek...

1. Erkek Çocuk "Maço" Kimlik Benimser

Zarara uğratılmış erkek çocuğun en belirgin özelliği "maço" bir karaktere bürünmesidir. Dolayısıyla etrafındaki ahlak kurallarını, olayları, duyguları hafife alma eğilimi içine girer; kuralsızlığı benimser. Normal seyrinde devam eden olaylara aykırı hareketlerle karşılık vermek ister. Sosyal ve kültürel kuralların gereksizliğinden bahseder. Kurallara uyanları "lüzumsuz kişiler" olarak tanımlar. Erkek çocuk, içinde yaşadığı depremin acısını azaltmak için bilinçsizce böyle bir yönteme başvurur genelde. Onun için, ahlak kuralları ne kadar hafife alınırsa, kendisinin de o kadar az yargılanacağını, böylece vicdan azabının hafifleyeceğini düşünür.

Çocuk, sosyal ve kültürel kuralları ne kadar önemser ve ahlaki değerleri ne kadar ciddiye alırsa o oranda kendisiyle çeliştiğini ve yara aldığını hisseder. Yürüyüşü, zevkleri, tavırları, konuşması ve kullandığı kelimeler farklılaşır.

Çevresiyle iletişiminde süreklilik değil, kesiklik vardır. Karşısındaki kişiyi terslemek, azarlamak, hafife almak ve dalga geçmek, suiistimal edilmiş erkek çocuklarının en belirgin özelliklerindendir. Maço davranışın bir gereği olarak erkek çocuk bağırıp çağırmaya, insanlarla ve olaylarla daha çok alay etmeye başlar, isyankâr bir kimliğe bürünür. Ancak burada bir noktayı önemle vurgulamak gerekir: İsyankâr bir kimlik takınmak, ergenlik dönemine geçiş belirtilerinin bir uzantısı da olabilir. Bu yüzden çocuğun davranışlarını iyi okumak gerekir.

2. Kız Çocuk İçe Kapanır

Zarara uğratılmış kız çocuk, erkeğin aksine içine kapanır. Yaşadıklarını kendi içinde sorgulamaya başlar. Çoğu zaman da bu olayda payı olduğunu düşünerek kendini suçlar. Zarara uğratıldığını içselleştirmeye çalışırken kendisiyle amansız bir mücadeleye girer. "Eğer ben şöyle yapmasaydım böyle olmazdı," ya da "Bu olay başkalarının değil, benim başıma geldiğine göre sorun demek ki bende... Zaten ben iyi biri olsaydım bunlar olmazdı," gibi düşüncelerin içinde bunalır kalır. Kafasında ürettiği binlerce soruyla kendini yargılar. Bir türlü kendi masumiyetini ve suçsuzluğunu kabullenemez. Tüm bu yargılamalar sırasında çocuk, sessiz ve sakin bir ortam arar. Ya odasına kapanır ya da kendi başına kenarda bir yerde öylece dalar gider. Bütün bu düşünceler çocuğu yorduğu için de çok defa uyumak ister. Çocuk fiziken insanlar arasında yaşasa da düşünce boyutunda sadece kendisiyle meşguldür.

Problem: Sibel (14)

Anne, Sibel'in sinyallerini önemsemiyor...

Melek Hanım Sibel'in öğretmeniyle yaptığı görüşmeden çıkar ve öğretmeni çok abartılı bulur. "Her çocuk zaman zaman içine kapanabilir," diye düşünür. Kendisi de çocukluk yıllarında içe kapanıktır zaten. Bunun bir problem gibi sunulmasını yadırgar. Melek Hanım, akşam olduğunda, eşine ve kızına, öğretmeniyle yaptığı görüşmeyi aktarır:

"Bugün Sibel'in rehber öğretmeniyle görüştüm. Sibel'in çok değiştiğini, derslerine konsantre olamadığını, arkadaşlarıyla iletişimini kestiğini ve dalgın olduğunu söyledi. Bana bunlar anormal gibi gelmedi açıkçası ama..."

Baba, "Eee, ne olmuş, ne var bunda yani?"

Anne, "Ne bileyim, bir pedagogla görüşmekte fayda var dedi."

Baba, "Ne olacakmış pedagogla görüşünce?"

Anne, "Sibel'in bir problemi varsa ortaya çıkartacakmış herhalde, ne bileyim ben."

Baba, "Benim kızımın hiçbir problemi yok, o kadın kendine baksın. Öğle değil mi Sibel?

Sibel televizyondaki diziyi izliyor gibi yapsa da kulağı anne ve babasındadır:

"Ya ne diyorsunuz siz... Saçmaladınız iyice. Ben yatmaya gidiyorum. Pedagog mudur nedir, öğretmenin kendisi gitsin nereye gidecekse..." der ve odasına gider.

"Melek, böyle şeyleri boş ver. Öğretmen yapacak iş arıyor kendine."

Babanın son sözü söylemesiyle pedagog konusu kapanır. Bir süre sonra ev halkı istirahate çekilir. Sabah, Melek Hanım'ın çığlığıyla ev sarsılır. Sibel odasında küçük bir kâğıda not yazmış ve intihar etmiştir. Sibel'in bıraktığı kâğıtta, "Anneciğim... Canım babacığım... Sizi çok seviyorum. Ben size layık bir evlat değilim. Ne olur beni affedin..." yazılıdır.

Devam edecek...

Zarara uğratılmış kız çocuğu, yaşadıklarını sorgular ve kendini suçlar.

3. Erkek Çocuk "Agresif", Kız Çocuk "Depresif" Olur

Zarara uğratılmış erkek çocuklarında en yaygın görülen özellik agresif davranışlardır. Çocuk içinde yaşadığı sıkıntıyı, hiçbir süzgeçten geçirmeden dışarı yansıtmaya çalışır.

Önceden halim selim ve sakin bir karaktere sahip çocuk, ani bir değişikle hırçınlaşmaya, çevresine zarar vermeye başlar. Erkek çocuğun dışına vurduğu bu agresif davranışlar, iç dünyasında neler yaşadığının bir işaretidir. Çocuğun sergilediği bu hırçın tavırlar, içindeki çalkalanmaların ne kadar ağır olduğunun anlaşılması açısından da önemli bir veridir aslında. Çocuk ne kadar agresif davranışlar sergiliyorsa, içindeki deprem de o kadar şiddetlidir.

Anne-babalar çocuklarındaki bu ani değişikliği hemen hissedebilirler. Çocuğa bir şey söylediklerinde, hiç beklenmedik bir tepki ile karşılaşabilirler. Bu hal, çocuğun zihin ve duygu mekanizmasının uyum içinde çalışmadığının da bir göstergesidir. Zihin, çocuğun yaşadığı olayı anlamaya çalışırken, duygu bunu kabullenemez. Çocuk, kendi içindeki uyumu bu yüzden kaybeder. Sıradan olaylara verdiği hırçın ve saldırgan davranışlarla da içindekileri dışarı yansıtmaya çalışır.

Çocuk ne kadar agresif davranışlar sergiliyorsa, içindeki deprem de o kadar şiddetlidir.

Zarara uğratılmış kız çocuksa erkeğin aksine depresif olur. Erkek çocuğun dışarı yansıttıklarını kız çocuk içine atar. Onun yıkıcılığı, saldırganlığı, acımasızlığı kendinedir. Bu esnada dışarıdan kendine yöneltilecek eleştirileri kaldıramayabilir. Bu nedenle, kız çocuklarına çok daha dikkatli ve titiz yaklaşmakta fayda vardır.

Çocuğun yaşadığı bu hal anne-baba tarafından fark edilmeyebilir. Çocuk, içine kapanmıştır, ama içinde yaşadığı depremden kimsenin haberi yoktur. Bu nedenle, çocuğun dış görünüşüne aldanıp, onu sakin ve huzurlu zannetmek hata olur. Çevresi tarafından çok sevilen, sessiz, sakin, hanım hanımcık görülen birçok kız çocuğunun, sebepsiz yere intihar etmesinin altında yatan nedenler arasında taciz ve suiistimalin de olduğu unutulmamalıdır.

Problem: Emre (10)
"Kızların canı cehenneme..."

Seda Hanım, oğlu Emre'yi gözlemlediğinde ilk dikkatini çeken oğlunun neredeyse birlikte büyüdüğü komşu ve akraba kızlardan uzak durmasıydı. Hâlbuki oğlu, özellikle teyzesinin kızıyla çok samimiydi. Anne, sadece Emre'deki öfkeli davranışlara yoğunlaştığı için böyle bir detayı gözden kaçırmıştı. Kendisi için "garip" olan bu gözlemi, gözlem formuna yazıp yazmamakta önce tereddüt etti. Ta ki Emre ile teyzesinin kızı hakkında tartışıncaya kadar...

Seda Hanım, evvelden bu yana yeğeni Nevin'in Emre'ye ne kadar da yakıştığını düşünüyor, bu nedenle zaman zaman espriler yapıyordu. O gün de yine böyle, "Bakıyorum da artık hiçbir kıza pas vermiyorsun, hayırdır Emre?" der, ama oğlu annesinin hiç beklemediği bir reaksiyon gösterir:

"Benim kızlarla işim yok. Hepsinin canı cehenneme!"

"O nasıl söz öyle... Hem ben şaka yaptım, hemen sinirlenme."

"Bir daha böyle şaka yapma, tamam mı?"

"Niye oğlum, daha düne kadar kız erkek demeden herkesle oynuyordun. Şimdi ne oldu da böyle diyorsun?"

"Ben kızlarla oynamıyorum. Ben erkeğim, onlar kız... Benim erkek arkadaşlarım var, onlarla oynuyorum... Tamam mı?"

Seda Hanım, bu cevaplar karşısında kendi oğluna yabancılık hisseder, "Evet, bu benim oğlum değil," diyerek gözlem için aldığı forma not düşer: "Emre, kız çocuklarıyla oynamak istemiyor."

Devam edecek...

4. Erkek Çocuk Kızlarla Oynamayı Bırakır

Suiistimalin erkek çocuklarda bıraktığı en derin iz, kimlik bunalımıdır. Çocuk sanki yaşadığı bu olayı herkes öğrenecekmiş gibi, garip davranışlar sergiler. Kendisinin "hâlâ" erkek olduğunun vurgusunu yapmaya gayret eder. Bunu yapabilmek için kendince farklı davranışlar sergiler. Bunlar arasından en belirgini, kız çocuklarla irtibatını kesme isteğidir. Erkek çocuk, kız çocuklarla görülmek ve onlarla anılmaktan hoşlanmaz. Onlarla oynadığında veya kızlar arasında görüldüğünde yaşadığı olaylar ortaya çıkacakmış endişesine kapılır.

Bununla birlikte erkek çocuk, kız çocuklardan uzak durarak kimliğini kendine de ispat etmeye çalışır. Çocuk, yaşadıklarını içinde sorgularken de yine kimlik krizi yaşar. "Neden ben? Yoksa kıza mı benziyorum? Ben erkek değil miydim? Erkekler beni kız olarak mı görüyor acaba?" sorularının cevabını arar, durur...

Bir yandan "hâlâ" erkek olduğunu etrafa aşırılıklarla sergilemeye çalışır; diğer yandan, erkek olup da kimlik değiştirmiş kişiler hakkında büyük tepkiler göstererek olumsuz yorumlar yapar. Gazetede, dergide, televizyonda, "homoseksüellik"le ilgili haberlere rastladığında dikkat kesilir, konu üstünde durur ve onlar hakkında büyük tepki verir. Böyle bir şeyin kabul edilemez olduğunu vurgular sıklıkla. Aslında bu yöntemle kendi "erkeksi" kimliğini pekiştirme gayreti içine girer.

Zarara uğratılmış kız çocuğu ise, sosyal ilişkilerinde daha farklı bir tutum izler. Erkek çocuklarla görülme sıklığını ve irtibatını, güven ihtiyacı sebebiyle daha da artırır.

Ancak kız çocuk bunu yaparken, erkeklerin "hâlâ güvenilir" olabileceğini ispat etmeye çalışır kendine. Yaşadığı sorunun bütün erkeklerden değil, "o" kötü erkekten kaynaklandığına inanmaya çalışır. Bu çabanın tek bir amacı vardır aslında: Erkeklere güven duyabilmek. Eğer bu güveni tekrar yakalayamazsa büyük bir bunalım geçirir. Diğer erkeklerin güvenilir olduğuna inanmak, kız çocuğun kendini tedavi yöntemidir. Çocuk bu bakış açısıyla babasını, abisini, amcasını ve hayatında çok önemli roller üstlenmiş erkekleri temize çıkarmaya çalışır. Erkek çocuklarla beraber olmak ve zarara uğratıldığı sırada yaşadığı anormallikleri onlardan görmemek, kız çocuğunu rahatlatır. Suiistimal edilmiş kız çocuğunun, bu güven testinden başarıyla çıkması çok önemlidir. Çünkü çocuğun geri kalan hayatında erkeklerle olan münasebeti bu dönemde erkeklerin kendisine vereceği güvenle birebir bağlantılıdır. Dolayısıyla kız çocuğu, etrafındaki erkeklere çok yakın durmaya ve onların kendine nasıl davranacağını gözlemlemeye çalışır.

Bu süreçte okuldaki bir erkek arkadaşıyla bazen yan yana oturabilir örneğin. Öyle hassas bir ruhla yanındaki kişiyi test eder ki, uzaktan görenler kızın bu davranışının normalden farklı olduğu kanaatine varabilir. Sadece okul arkadaşlarını değil; bazen babasını, bazen abisini ve bazen de en yakın akrabalarını aynı imtihandan geçirebilir. Bu sınavı ne kadar çok kişi başarıyla geçerse, çocuğun içe dönüklüğü de bir nebze olsun hafifler.

Bu noktada belirtmekte fayda var; kız çocuklarının çevresindeki erkekleri "test" ettiği bu dönemdeki yakınlaşmalar, çok defa yanlış anlaşılma riski taşır. Çocuk güven arayışındayken, çevresinden yeni bir suiistimal sinyali alırsa, gelecekteki sosyal hayatı kaosa dönüşebilir.

Suiistimalin erkek çocuklarda bıraktığı en derin iz, kimlik bunalımıdır.

Ardı ardına güvensizlikler yaşayan çocuk, evliliği de dahil olmak üzere çevresindeki insanları değersiz ve basit "varlıklar" olarak görme eğilimine girer.

Önemli Bir Ayrıntı:

Cinsel tacizle eşcinsel eğilim arasında bir bağlantı var mı?

Günümüzde çok tartışılan konular arasında, "Eşcinsel davranışlar doğuştan mı gelir, yoksa sonradan gelişen bir tercih midir? Bu seçimde kişinin yaşadığı suiistimalin etkisi var mıdır?" soruları yer alır.

Fiziksel taciz, kişilerin eşcinsel davranışlar sergilemesinde büyük rol oynar. Bilhassa erkek çocuklar büyük bir kimlik krizi yaşar ve kendi içindeki bu çatışmaya bazen yenik düşer. Çocuk "hâlâ erkek" olduğunu kendine ispat etmeye çalışmaktan vazgeçer ve "Kendimi hemcinsime daha yakın hissediyordum," ya da "Zaten ben erkek gibi görünmediğim için bana böyle bir şey yapıldı" söylemlerine sığınabilir. Bu çok önemli bahane aslında suiistimal edilmiş çocuğun kendi içindeki savaşı kaybettiğinin bir işaretidir.

Bu itibarla bakıldığında, zarara uğratılmış bir erkek çocuğun ruhunda yaşadığı fırtınanın yıkıcı tesirini, psi-

Eşcinsel eğilimler, sadece tacize bağlı değildir.

kolojik destek almadan durdurabilmek, atlatabilmek oldukça zordur. Çocuk, içinde yaşadığı bu çelişkilerle tek başına mücadele edip etkilerini başarıyla atlatmış olsa bile, ileriki yıllarda farklı cinsel eğilimlere yönelebilir.

Unutulmamalıdır ki, suiistimal edilmiş çocukların ileride tacizci olma olasılığı oldukça yüksektir. Zira çocuk, yaşadığı bu yıkıcı olayın sadece ona özel olmadığını, herkesin böyle şeyler yaşayabildiğini, "yalnız olmadığını" vicdanına ispat etme eğilimine girebilir.

Bununla birlikte eşcinsel eğilimler, sadece tacize bağlı değildir. Kişinin hormon dengesinin bozukluğu, çocukluk yıllarında "erkek" kimliğini kazanamaması gibi çevreye bağlı faktörler de çocuğun böyle bir davranış bozukluğuna yönelmesine neden olabilir. Örneğin, erkek çocuğa etek giydirmek, kız kardeşleriyle makyaj yapmasına izin vermek, çevre tarafından çocuğun kimlik kazanımını yıkıcı söz ve tavırlarla kırmak gibi...

Problem: Sibel (14)
Öğretmen haklıdır...

Sibel, anne-babasının akşamki konuşmalarının tesirinde kalarak hayatına son vermek ister. Gece yarısı aldığı bir kutu hap ile intihara teşebbüs eder. Annesi onu bulduğunda hâlâ nefes alıp veriyordur. Acilen hastaneye kaldırılan genç kızın midesi yıkanır. Bir süre sonra gözlerini açar, çok pişmandır. Melek Hanım olup bitenlere hâlâ bir anlam veremez. Son günlerde yaşadıkları onu adeta birkaç yıl yaşlandırır.

Doktorlarla görüşen Melek Hanım, Sibel'in psikolojik sorunlar yaşadığını, kendi başına çözemeyeceği sorunların altında kaldığı için intiharı seçtiğini anlatır babasına. Doktoru da Sibel'in vakit geçirmeden bir pedagogla görüşmesi gerektiğini önerir aileye.

Anne-baba ilk görüşmeyi pedagogla yapar ve tüm yaşananları ayrıntısına kadar uzmana anlatırlar. Fakat pedagog, ebeveynlerle yaptığı görüşmeyi yetersiz bularak genç kızla görüşmek istediğini söyler.

Sibel hastaneden çıkar. Annesine defalarca sarılır, ağlar ve pişmanlığını ifade eder. Annesi nedenini sorduğundaysa, "Boş ver, açma o konuları," diyerek geçiştirir. Melek Hanım pedagogdan yardım alıp almak isteyip istemediğini sorar. Sibel bu kez hiç inat etmez, kabul eder. Bir süre sonra da pedagogla görüşmeye gider. Sibel ile ön görüşme yapan pedagog, "Uzun süreli bir terapi süreci takip edilmeli," der. Sibel ve uzman haftalarca görüşürler. Fakat genç kız problemin nereden kaynaklandığını devamlı saklama çalışır. Pedagog, zihninde bazı tahminler biriktirir. Bunlar arasındaki en güçlü sebepse Sibel'in suiistimal edilmiş olmasıdır. Hatta sorunun kaynağına inilen görüşmelerden birinde, pedagog ile Sibel arasında şu konuşmalar geçer:

"Peki baban seni sevmiyor muydu?"

"Tabii ki seviyordu, ama ben babamı hiç doğru düzgün görmüyordum ki... Geç saatte gelir, sabah erkenden giderdi. Hafta sonları ya kahveye gider ya da arkadaşlarıyla gezmeye çıkardı. Babamın sesini, kokusunu bile özlüyordum." (Sibel ağlamaya başlar)

"İstersen keselim burada görüşmeye haftaya devam ederiz."

"Hayır, konuşmak istiyorum... Okula gidecektim o gün. Dışarıda sağanak yağmur vardı. Annem pencereden bakıyor, ama yağmur bir türlü dinmek bilmiyordu. Kapının önüne çıktık. Şemsiyemi açmış, tam yola çıkacaktım ki annem, aynı binada oturan Koray Ağabey'e seslendi. Komşu oğlu, kapının önündeydi ve arabasıyla işe gitmek üzereydi. Annem, Koray Ağabey'e, beni de okula kadar bırakmasını rica etti. O da kabul etti. Arabaya bindiğimde ilk hissettiğim şey, arabanın kokusuydu. Tıpkı babamın arabası gibi kokuyordu. Birden kendimi tuhaf bir güven atmosferi içinde hissettim. Koray Ağabey, bana okula ne taraftan gidildiğini sordu. Ben de bilerek yanlış bir yol tarif ettim. Maksadım biraz daha arabada kalmak ve o sıcaklığı kaybetmemekti. Ben önce bir yolu tarif ediyor, sonra sanki şaşırmış gibi yaparak değiştiriyordum yönümüzü. Dönüp dolaşıp dururken beni bir gülme aldı. Koray Ağabey, olanlara şaşırdı. Bilerek yolu uzattığımı söylediğimdeyse daha da şaşırdı. Artık, okula çok yakın bir yerdeydik. "Ben ineyim," deyince, bana "Deli kız seni..." dedi. Arabadan indim ve gülerek okula doğru koştum. O günü hiç unutamadım. Aklıma geldikçe hep güldüm durdum. O günden sonra hep Koray Ağabey'e sığınmak istiyordum sanki. Onu babammış gibi hissediyordum. Onun binaya geldiği saatte dışarıda olmak, onun işe gideceği saatte okul yolunda bulunmak istiyordum. Beni artık okula o götürüyordu sabahları. Bir defasında başka bir yola saptı. İçimi birden tuhaf bir korku kapladı. O an yanlış yaptığımı anladım. Aklıma korkunç şeyler gelmeye başladı. Ama ihtimal vermedim. Koray Ağabey'in yüzüne baktım, önceki sevecenliğini göremedim. Bana bir kötülük yapabileceğini düşündüm. (Gözleri dolar.) Ben ne yapmıştım. Ama geri de dönemedim... Her şey bitmişti artık benim için. Ölmek istedim, ama olmadı."

Sibel tacize uğramıştır. Ancak bu noktada pedagog bir ayrıntıyı fark eder. Sibel, "baba" sevgisini, sığınma duygusunu; babasına çok benzeyen, güvendiği birinden almak isterken çocukça bir çaba gösterir. Koray ise Sibel'in baba sevgisine olan ihtiyacını suiistimal eder.

Sibel yaşadığı o kâbus dolu günü unutamaz. Ondan sonra da hayatı bir kâbusa döner. Koray, Sibel'i tekrar görmek için okula gelir. Genç kız okulda korku içinde onu bekler. Çocukça bir düşünceyle gencin okula geleceğini, öğretmenlerine her şeyi anlatacağını hayal eder. Sınıf arkadaşlarıyla teneffüse çıkmaz. Koray ile kapıda karşılaşacağı korkusunu taşır çünkü. Tek yapmak istediği şey uyumaktır. Böylece problemlerinden uzaklaşabilir ancak.

Ailesinin kendisine ne kadar önem verdiğini bilen genç kız, içinde sakladığı bu sırrın bir gün ortaya çıkacağı korkusuyla artık nefes alamaz hale gelir. Kendini suçlu hisseder çok. Annesinin son akşamki, "Sibel'in bir problemi varsa, pedagog ortaya çıkaracakmış herhalde," demesi genç kızı inanılmaz korkutur. Sibel de bu gerçekle yüzleşmek yerine intiharı seçer.

5. Erkek Çocuk Güç Kazanmak, Kız Çocuk Güçlüye Sığınmak İster

Zarara uğratılmış erkek çocuk başına gelen bu olayın, kendi güçsüzlüğünden kaynaklandığını düşünür. Güçlü olabilseydi, karşı koyabilseydi, hayır diyebilseydi gibi düşüncelerle boğuşur. Yaşadığı suiistimalin kendi güçsüzlüğünden kaynaklandığını zanneder. Bu nedenle, kendini güçlü göstermeye çalışır. Eğer bunu sağlayabilirse bir daha kendinin de ailesindeki diğer kişilerin de başına böyle kötü olayların gelmeyeceğine inanır. Sırf bu sebeple kimi zaman vücut geliştirme salonlarına yazılma eğilimi gösterir, kimi zaman dövüş sporlarına yönelir. Silahlara, kesici ve delici aletlere ilgi duyar. Bunları yanında taşımanın gereğinden bahseder, kimi zaman da yanında bulundurur. İlerleyen yıllarda hızlı araba kullanmak ya da trafikte tehlikeli oyunlar oynamak da güç gösterisi için kaçırılmaz fırsatlar olarak ortaya çıkar.

Zarara uğratılmış kız çocuğu ise güçlü birine sığınmaya çalışır. Korkuları onu kendi gücünü kazanmaya değil; güçlü, onu koruyacak birinin şemsiyesi altında durmaya iter. Arkadaşları arasında en güçlüye sığınma eğilimindedir hep. Aynı şekilde evlenmeyi düşündüğü kişinin yakışıklı, ahlaklı olmasından önce kuvvetli, güçlü olmasını ister.

Suiistimal edilen çocukların zihni kendini otomatik olarak korumaya alır.

Problem: Emre (10)
Şüpheler, şüpheler, şüpheler...

Seda Hanım, oğlu Emre'nin davranışlarını titizlikle takip eder ve her yeni davranışı not alır. Uzun bir listeyle tekrar pedagogun yanına gider. Davranış listesini inceleyen pedagog, Emre ile görüşmek ister. Ancak Seda Hanım, oğlunun bu görüşmeye gelmeyeceğini düşünür. Pedagog görüşmenin okul aracılığıyla olması halinde Emre'nin itiraz edip etmeyeceğini sorar. Anne iyi bir fikir olduğunu belirterek, okul müdürüyle görüşür. O da Emre ile pedagogun okulda görüşme yapabileceklerini belirtir. Vakti geldiğinde, Emre bir rehber öğretmenle görüşür gibi, okula davet edilen pedagogla görüşmeye çağırılır. Uzman, daha önceki bilgiler doğrultusunda Emre'yle görüşür. İlk görüşme gayet olumlu geçer. Emre umulduğu gibi öfkeli ve inatçı bir tavır sergilemez, aksine sorunlarının olduğunu kabul eder, ama bunların çözümsüz sorunlar olduğunu belirtmekle yetinir.

Pedagog, bu kadar yol almanın bile önemli olduğunu düşünerek Emre'yle sonraki randevuları planlar. Emre, tereddütle geldiği ilk görüşmenin ardından sonraki görüşmelere hep istekli gelir ve sorunun çözüleceği konusunda kendini ikna eder. Pedagog ise ilerleyen görüşmelerde danışanıyla arasındaki "güven bağını" kurar. Emre'nin artık sorununun çözülebileceğine inancı tamdır. Ancak görüşme esnasında Emre'nin kafasında, "Yaşadığım korkunç olayı pedagoga nasıl anlatabilirim? Eğer anlatırsam ortalık karışmaz mı? Başıma çok kötü şeyler gelmez mi?" gibi sorular gidip gelir hep. Ardından pedagogla Emre arasında şu konuşmalar geçer:

"Evet, haklısınız. Kızlarla oynamak istemiyorum. Gerek de görmüyorum. Çünkü ben erkeğim."

"Erkekler kızlarla oynamaz mı?"

"Oynar, ama gerek yok. Çocukken oynardım, ama ben artık büyüdüm. Hem onların yanında durmaktan rahatsız oluyorum."

"Onların yanında durmaktan rahatsız oluyorsun."

"Ben kız mıyım? Onların arasında ne işim var? Haksız mıyım? Erkeklerin yanında olmam gerekmiyor mu?"

"Kızların yanında bulunursan, erkekliğinden şüphe edecekler diye mi korkuyorsun?"

"Bir şey soracağım. Ben kıza benziyor muyum ya?" (Gülüşmeler...)

"Sence?"

"Bence benzemiyorum."

"Senin kıza benzediğini düşünenler mi var?"

"Bilmiyorum, ama sordum yani..."

"Rahatsız oluyor musun, kıza benzetilmekten?"

"Oluyorum tabii. Kim olmaz ki?"

"Ne zamandan beri bundan rahatsızsın?"

"Bunlar önemli değil, rahatsız oluyorum sadece."

"Ailenin haberi var mı bu rahatsızlıktan?"

"Neyden haberi var mı?"

"Emre, seni çok tedirgin görüyorum. Sorularımdan hep kaçıyorsun. Eğer bana anlatmazsan, sana kim yardım edebilir? Bana güvendiğini söylüyorsun, ben sana yardım etmek için buradayım."

"Korkuyorum..."

"Biliyorum, ama bana güveniyorsun. Bunu da biliyorum. Sana yardım edebileceğimi de biliyorsun."

"Güveniyorum, ama korkuyorum." (Ağlamaya başlar.)

"Onun için yanındayım, haydi anlat. Ne zamandan beri rahatsız oluyorsun?"

"Bir ay falan oldu."

"Bir ay önce oldu."

"Evet, beden eğitimi öğretmenimi çok seviyordum. Bana çok iyi davranıyordu. Hep benimle ilgileniyordu. Okul çıkışında çoğu zaman onun yanına gidiyordum. Bana aletli jimnastikte yardım ediyordu. Okuldan o gün erken çıkmıştım, yine yanına gittim. Birlikte spor yaptık, salonda koştuk, tenis oynadık. Vaktin geç olduğunu anlayınca gitmek istedim. Öğretmenim terli terli dışarı çıkarsam hasta olabileceğimi söyledi. 'Duş alıp öyle çık. Ben de alacağım zaten,' dedi. Bana da mantıklı geldi. Duşa girmiştim ki yanıma geldi öğretmenim."

Emre'nin sesi ve dudakları titremeye başlar, adeta korku içindedir. Pedagog, Emre'nin saçlarını okşayarak onu teselli eder.

"Öğretmenin hâlâ senin beden eğitimi dersine giriyor mu?"

"Evet."

"Korkuyor musun?"

"Ben korkmuyorum, ama eğer bu olay ortaya çıkarsa beni öldürür. O güçlü biri, yapar bunu."

"Böyle mi tehdit ediyor seni?"

"Evet."

Pedagog, Emre'nin uzun süreli bir terapiye ihtiyacı olduğuna karar verir. Bunun için Emre'nin ailesi, okul ve pedagog işbirliği yapar.

6. Kız Çocuk, Yaşından Büyük Davranır

Zarara uğratılmış kız çocuklarının kimlik sorunu erkeklerinkinden farklıdır. Erkek çocuk her ne kadar kendi kimliğini ispat yönünde uğraş verse de kız çocuk bunun aksine hareket eder. Kız çocuk yaşadığı o dönemi hafızasından silmeye çalışır. Bunun için de suiistimal edildiği zamanki kıyafetlerinden saç şekline, oturup kalkmasına kadar birçok davranışını değiştirir. Anne-babalar bu değişikliği hemen fark edebilir. Çünkü bahsettiğimiz tüm bu yenilikler birkaç gün içinde gerçekleşir. Fiziken ve ruhen, önceki halinden hızla uzaklaşmaya çalışır. Çocuk -yaşa bağlı olmakla beraber- annesinin kadın arkadaşları arasında oturmak ister. Olgun kadınlar gibi giyinmeye çalışır.

7. Geçici Hafıza Kayıpları Yaşanır

Suiistimal edilen çocukların zihni kendini otomatik olarak korumaya alır, bu olayın hafızaya yazıldığı noktayı kullanmak istemez. Etrafında yaşadığı farklı olaylar "o an"ı hatırlatacak özellikler taşıdığında, çocuğun zihni sanki birden durur ve devre dışı kalır. Çocuk fiziksel olarak o mekânda olmasa da zihninde o anı yeniden yaşar. Bu esnada karşısındaki kişiye baksa da, dinliyor gibi gözükse de, zihin o anı kayıt altına almayabilir. Zihin yaşanan olayın tesirini azaltmak için aşırı hormon salgılar, bu da bir düzen içinde devam eden zihinsel faaliyetin aksamasına neden olur.

TACİZ NEDİR?

Çocuklara yönelik cinsel taciz dendiğinde, birçok anne-babanın yüreği ağzına gelir. Zira fiziksel veya duygusal suiistimal, insanın ruh dünyasında ağır travmalara sebep olarak yaşamını derinden etkiler. Bu açıdan bakıldığında suiistimal, cinayetten sonraki en ağır suç olarak kabul edilir.

Küçük bir çocuğun zarara uğratılması karşısında, büyük infial yaşamayacak hiçbir vicdan sahibi yoktur. Özellikle anne-babaların bu konuda hissettikleri öfke ve hassasiyet, hiçbir suç karşısında olamayacak kadar büyüktür. Hatta ölüm cezası bile hiçbir ebeveynin acısını dindirmeye yetmez.

Peki, hem ebeveynler hem de toplumda bu denli infial oluşturan suiistimal hakkında yol gösterici yeterince kitap var mıdır sizce? Ne yazık ki bu kadar hayati öneme sahip bir sahada yazılmış eser sayısı bir elin parmaklarını geçmez.

Cinsellik içeren her türlü söz, fiil ve materyalle bir çocuğa yakınlık kurmaya çalışmak, suiistimal kapsamına girer.

Çocuklara yönelik suiistimaller hakkında elde yeterince kaynak bulunmamasının iki temel sebebi vardır: Birincisi, toplum olarak böyle bir probleme hazırlıksız yakalanmamız. Dolayısıyla bu alanda ne yeterince uzman yetişmiş, ne de problem üzerinde akademik çalışma yapılabilecek bilgi bankaları ve veri tabanları oluşturulmuştur. Ciddi bir veri kıtlığının yaşandığı bir sahada kitap yazmak, başlı başına sorun olduğu için bu probleme parmak basmamayı seçmiştir uzmanların büyük çoğunluğu.

Hâlbuki Batı Avrupa ülkeleri ve Amerika, çocuklara yönelik cinsel taciz konusunu çok daha önce gündemlerine almıştır. Veliler, sivil toplum kuruluşları ve uzmanlar, yeterli bilgi ve donanıma sahiptir ya da en azından, bilgiye ulaşmak isteyenler için yeterince kaynak mevcuttur.

Bu konunun gerektiği gibi üzerinde durulmamasının ikinci nedeniyse konunun hassasiyeti ve ülkemizde tacizin hâlâ bir "tabu" olarak kabul edilmesidir. Fakat tüm bu sebepler yaşanan gerçekleri değiştirmez. Çocuklara yönelik suiistimal günümüzün realitesidir ve neredeyse her evi tehdit edecek düzeye ulaşmıştır. Son yıllarda elde edilen veriler de bu kanaati pekiştirir niteliktedir.

2010-2013 yılları arasında adli mercilere sevk edilen taciz vakası 70000'i bulmuştur. Üstelik Türkiye, çocuk pornografisinin de en yaygın olduğu ülkelerden biridir. Çocuklara yönelik suiistimal davalarında 2008'den 2013'e kadar yaklaşık %400 artış gerçekleşmiştir. Adalet Bakanlığı'nın verilerine göre, çocukların zarara uğratılmasıyla ilgili davaların sayısı, 2008'de 7500, 2009'da 13812 iken, 2011'de 18334'e yükselmiştir.

Yalnız unutulmaması gereken önemli bir ayrıntı var: Ülkemizde istatistikleri belirleyen olaylar, gerçekte yaşananların onda biri kadardır. Özellikle kapalı toplumlarda tacize uğramak bir kötülük olarak algılandığı için bu oran %1'e çıkar. Çünkü çoğu anne-baba, çocuğunun isminin tacizle beraber anılmasını istemez, yaşananları etrafa duyurmaktan çekinir; daha da üzücü olanı, olay mahkemeye intikal ettiğinde bir çözüme ulaşılamayacağını, karşı tarafın yeterince cezalandırılamayacağını düşünür. Tüm bu sebeplerin etkisiyle ebeveynler yaşananların üstünü örtmeyi tercih eder.

Fiziksel veya duygusal taciz, kişinin ruh dünyasında travmalar oluşturur.

Buraya kadar izah etmeye çalıştığımız gerçekler, sadece "fiziksel taciz"le ilgilidir. Fakat taciz sadece fiziksel boyutta yaşanmaz; fiziksel taciz, bu suiistimaller içinde çok küçük bir bölümü oluşturur. Bu rakamlara bir de "duygusal suiistimal" eklendiğinde, sayılar katlanarak büyür ve suiistimal, toplumun bütün kesimlerini ilgilendiren, herkese etki eden çok önemli bir konuya dönüşür. Dolayısıyla bu kavramın biraz daha açılması gerekir.

Taciz Nedir?

Genel kabul görmüş tanımlamaya göre, istenmediği halde, cinsel çağrışım içeren her türlü, söz, fiil ve işaretlerin kullanılması tacizdir. Ancak bu tanım, çocukların zarara uğratılmasını açıklamak için yeterli değildir. Zira hiçbir suiistimal olayında "istemek ya da istememek"ten bahsedilemez. Taciz, bu şekilde tarif edildiğinde suçlu için bir bahane kapısı açılır. O halde, çocukların zarara uğratılması şu şekilde tanımlanmalıdır:

Cinsellik içeren her türlü söz, fiil ve materyalle bir çocukla yakınlık kurmaya çalışmak, istismar çabasına girmek suiistimal kapsamına girer; suiistimal, duygusal ve fiziksel olarak iki kategoriye ayrılır.

Dünyada 'cinsellik' kelimesini en çok aratan ülkeler sıralamasında Türkiye 8. sıradadır.

Duygusal Taciz

Çocuğun duygularının cinselliğe alet edilerek taciz edilmesidir. Bu, çocukla cinsellik içeren konuşmalar yapma, cinsel öğeler taşıyan fıkralar anlatma ya da yetişkinin (eğitim maksadı dışında) cinsellikle ilgili konuları çocukla konuşması, çocuğun görebileceği yerlere cinsellik içeren resimlerin asılması, yazılı veya görüntülü cinsel içerikli mesajlara maruz bırakılması, filmler izlettirilmesi, çocuğun kıyafetsiz olarak seyredilmesine izin verilmesi şeklinde olabilir.

Bununla birlikte, direkt sözle olmasa da taşıdığı anlam itibarıyla cinsellik taşıyan, çocuğa yönelik iç çekme, dudak ısırma vb. gibi davranışlar da bu kapsama girer.

Fiziksel Taciz

Fiziksel taciz, cinsel içerik taşıyan dokunmalar da dahil olmak üzere, sonucu tecavüz ya da saldırganlıkla biten tüm davranışları kapsar.

Taciz İstatistikleri ve Tehlikenin Yakınlığı

Tacizle ilgili istatistikler incelendiğinde görmezden gelinemeyecek bir tablo çıkıyor karşımıza. Tehlikenin hem büyük hem de yakınımızda olduğunu görmemekse artık neredeyse imkânsız. Örneğin; Telekomünikasyon İletişim Başkanlığı'nın (TİB) 2013 verilerine göre; Türkiye'de dakikada toplam 2 milyon bilgisayardan çevrimiçi porno izleniyor. "Cinsellik" kelimesini en çok aratan ülkeler sıralamasındaysa ülkemiz, dünyada 8. sırada.

Yine pornografi temelli bir araştırmaya göre, internetin %12'si porno sitelerden oluşuyor. Her saniye bu alanda 3075 dolar harcanırken aynı zaman diliminde 28258 kişi bu yayınları izliyor. Günde 2,5 milyar porno konulu e-posta yollanıyor internet kullanıcılarına. Başka bir deyişle toplam mesaj trafiğinin %8'i porno içerikli e-postalardan oluşuyor. Yine internet üzerinde yapılan aramaların %25'i porno içerikli yayınlarla ilgili. Global ölçekte, 2013'teki tüm porno içeriklerinin %40'ı artık akıllı telefonlardan, %10'u ise tabletlerden izleniyor.

Dolayısıyla; günümüzde çocukları ailevi veya kurumsal bazda tacize karşı eğitmek bir lüks olmaktan çıkıyor. Üstelik her toplum için ihmali düşünülemeyecek bir zorunluluk haline de geliyor. Öyleyse tacize karşı eğitim nasıl olmalı?

DOĞRULAR VE YANLIŞLAR

Taciz günümüzün en yaygın tehlikelerinden biridir ve konu hakkında hemen hemen herkesin zihninde belli önyargılar vardır. Suiistimal hakkındaki yanlış bilgiler, bir yandan taciz eğiliminde olan kişilerin kendilerini daha rahat gizlemesine, diğer yandan da çocukların yaşayacağı olumsuzlukların artmasına neden olur. Bu nedenle kitabımızın son bölümünde, taciz hakkında genele yayılmış düşünce ve bilgileri tek tek ele alıp hangisinin doğru, hangisinin yanlış olduğunu inceleyeceğiz.

1. Tacizciler, genellikle bekâr veya yalnız yaşayan, problemli kişilerdir.

Yanlış. Çocukları zarara uğratan kişilerin %80'inin çevresiyle hiçbir sorunu yoktur ve çoğunlukla evli erkeklerden oluşur.

Terapi görüşmesi:
9 yıllık evli, 2 kız çocuk babası (32)

"Bir zamanlar rahat ve huzur içinde yaşıyorduk. Şifreli yayınlara abone olduk. Hafta sonları eşimle birlikte oturup izlediğimiz filmler, bizi farklı arayışlara itti. Eşim bir süre sonra yaptığımız şeylerin yanlışlığını fark ederek bu kanalları kapattırdı. Ancak ben aştığım sınırların içine tekrar dönmekte zorluk çekiyordum. Ürünü iade ettikten sonra, internete yöneldim. Bir süre sonra fark ettim ki 'erotik görüntü bağımlısı' olmuşum. İşin daha da kötüsü çocuk pornografisine fazlaca ilgi duyuyordum. Her gün adım adım daha da derine kaydığımı hissettiğim için psikolojik yardım almam gerektiğini düşündüm. Şu an nasıl bir uçurumun kenarından döndüğümü hayal ediyor ve bunun için Tanrı'ya binlerce kere şükür ediyorum."

Terapi görüşmesi:
10 yıllık evli, 1 kız 2 erkek çocuk babası (38)

"Akşamları arkadaşlarımla takıldığım barda tanıştığım biri hayatımın akışını değiştirdi. O sıralar zaten sınırlarımı aşma adına her yolu deniyordum. Biraz da alkolün tesiriyle duyduklarımın hayli etkisinde kaldım. O gün anlatılanları nasıl olmuştu da gülerek, destek vererek dinlemiştim. Ben de bir babayım. "Nasıl olur da masum bir çocuğa karşı kötü hisler beslenebilir," diye ertesi gün kendi kendimi yiyip bitirdim. Ama nasıl bir şeydir bilemiyorum, o gün duyduklarım hep kanımda dolaştı durdu sanki. Eve gelen çocuklara artık kendimden şüphe duyarak bakmaya başlamıştım. Akıl almaz bir kayboluşa sürüklendiğimi hissediyordum. Bu düşüncelerden kurtulmak için alkol alıyor, içtikçe çözülen zihnim, daha çok bu düşüncelerin kontrolüne sokuyordu beni. Eve gelen yeğenimi kucağımda severken, duygularımda hissettiğim anlık bir kayma, terapiye ihtiyacım olduğunu gösterdi bana. Bu yüzden buradayım."

Tacizde süreklilik bir süre sonra hem duygusal hem de psikolojik bunalımları beraberinde getirir.

2. Cinsel tacizde bulunabilecek kişilerin büyük kısmının kıyafetleri kötüdür, görünüşü anormaldir, ekonomik durumu zayıftır.

Yanlış. Tacizcilerin büyük çoğunluğu, ilk görünüşte hiçbir şüphe uyandırmayacak kadar iyi giyimli kişilerden oluşur. Yapılan araştırmalarda, kişinin ekonomik durumunun, iyi ya da kötü olmasıyla suiistimale yönelmesi arasında bir bağlantı olmadığı gözlemlenmiştir.

3. Tacizciler genelde orta yaşlı kişilerdir.

Doğru. Tacizcilerin büyük bölümü, 24-44 yaş arasındaki kişilerden oluşur. İkinci büyük grupsa 15-24 yaş aralığındakilerden meydana gelir.

4. Tacizci yaptıklarından pişmanlık duymaz.

Yanlış. Tacizde süreklilik, bir süre sonra hem duygusal hem de psikolojik bunalımları beraberinde getirir. Tacizcilerin birçoğunun önceki yaşantıları gayet normaldir, hatta suiistimallere şiddetle karşı çıkarlar. Bu yüzden yıllar sonra kendilerinin de aynı hataya düştüklerini kabullenmekte zorluk çekerler. Yaşadıkları bunalımlar bir süre sonra böyle kişileri intihara sürükler. Ancak, artık kendini "tacizci" olarak kabul etmiş kişiler ve benliğini duyarsızlaştırmış olanlar bir çocuğu zarara uğrattıkları için pişmanlık duymazlar.

Terapi görüşmesi:
Evli, 1 erkek çocuk annesi (32)

"Babam, ben 5 yaşındayken Avusturya'ya işçi olarak gitmişti. Biz üç kardeş ve annem köydeki eski evimizde yaşam mücadelesi veriyorduk. Babamı her yıl geldiği izinler sırasında tanımaya çalışıyordum. Babam izne geldiğinde, evimizin içi bayram yerine dönüyordu. Köylüler ve akrabalarımız ziyarete geliyor, sohbetler ve eğlenceler oluyordu. Babam gittiğindeyse, evde koca bir boşluk hissediyorduk.

Özellikle kış aylarında hava erken karardığı için annem evin kapısını erkenden kilitler, bizler de çok geç olmadan yatardık. Ayrı odalarda yatmaya korktuğumuz için çok defa tüm kardeşler aynı yatakta uyurduk.

O kış 17 yaşındaydım, 15 yaşındaki erkek kardeşimle aynı yataktaydık. Gecenin ilerleyen saatlerinde, erkek kardeşimin tuhaf hareketlerle bana yaklaştığını hissettim. O an kafamdan aşağı kaynar sular döküldü sanki. Ses çıkartmadım, korktum. Ertesi akşam, 'Rahat uyuyamıyorum,' deyip erkek kardeşimi yanıma almadım. O da küçük kız kardeşimin yanına gitti. Bu sefer daha da rahatsız oldum. Ben de kız kardeşimi korumak maksadıyla onu yanıma aldım. O gece sabaha kadar uyuyamadım.

Ertesi gün anneme her şeyi anlattım. Annem çok öfkelendi, bir çırpıda erkek kardeşimin yanına gitti. Öyle sinirliydi ki... Onu elindeki sopayla öldürecekmiş gibi dövüyordu. Korkudan tir tir titriyor, ağlıyordum sürekli. Kardeşim kendini korumak için hiç çaba harcamıyordu. Annemin önüne öylece yatmış gibiydi. Kardeşime vura vura annemin hırsı azaldı. Parmağını sallayarak, 'Baban nasıl olsa yazın gelecek, eğer bunları tek tek ona anlatmazsam, ben de ... olmayayım!' dedi. Kardeşim arka odaya geçti ve kapıyı kapattı. Ben, annem ve kız kardeşimle balkona çıktım. Annemin hırsından eli ayağı titriyordu. Tam balkondaki sedire oturduk ki içeriden silah sesi geldi. Kardeşim, av tüfeğiyle kendini vurmuştu."

5. Ceza artarsa, tacizci sayısı azalır.

Yanlış. Çocuk tacizciliği bir ruhsal hastalıktır. Bir tacizci yapacağı tacizin sonuçlarını hesap ederek suiistimale yönelmez. Taciz anında kişi aklının değil, dürtülerinin esi-

Çocuk zarara uğratıldığını anlatıyorsa, bu (genellikle) doğrudur.

ridir. Tacizci aklına değil, dürtülerine yenik düşer çünkü. Tacizcilerin hemen hepsi akli dengesi yerinde insanlardır. Eğer taciz olaylarındaki azalma cezalandırma yoluyla olsaydı, Amerika gibi bazı ülkelerde hiç taciz vakasına rastlanmaması gerekirdi. Ancak ölüm korkusu dahi taciz olaylarının önüne geçememiştir.

6. Pedagoglar, doktorlar, öğretmenler bir suiistimal varsa hemen aileyle irtibata geçer.

Yanlış. Pedagoglar, doktorlar, öğretmenlerin, çevreden ve özellikle aileden gerekli sinyalleri almadan suiistimal 'ihtimal'ini somut olarak tespit etmeleri zordur. Özellikle duygusal suiistimal ve başlangıç aşamasındaki tacizlerde uzmanların ellerinde yeterli bilgi olmadan aileye "Çocuğunuz suiistimal ediliyor," bilgisi ve raporu vermesi imkânsızdır.

Bir pedagog gözlemi:

"Çocukların zarara uğratılması öyle karmaşık bir olaydır ki çok defa kesin teşhis koymanız imkânsızdır. Birçok durum 'sadece şüphe' olarak değerlendirilir. Ancak size göre 'ihtimal' olan bir kanaati çocuğun ailesine açmanız doğru olmayabilir. Bu tutum anne-babayı şoka sokabilir. Ailenin hayatı birdenbire değişebilir. O yüzden, taciz ihtimali olan vakalarda çok dikkatli davranılmalıdır. Neredeyse kesine yakın bir sonuç çıkmadan ebeveyne bu konuda bilgi verilmemelidir. Ancak aile kendine has sinyallerle bu konudaki şüphemizi destekler mahiyette bir şeyler söylüyorsa, o takdirde bazı adımlar aileyle birlikte atılabilir. Suiistimal olayına karşı planlamayı pedagog yapar, ama anne-baba da sorunun çözümüne katkı için aksiyon halinde olmalıdır. Aksi takdirde sonuç alınması çok zordur."

Kız ve erkek çocuklar aynı oranda risk grubundadır.

7. İhmal edilmiş ve parçalanmış aile çocukları potansiyel kurbanlardır.

Doğru. Tacizciler genellikle, annesi-babası ayrılmış ya da aile içinde ihmal edilmiş çocukları daha kolay ikna edeceklerini düşünürler. Bundan dolayı da özellikle bu gruptaki çocuklara yönelirler.

8. Genellikle hedef kız çocuklarıdır.

Yanlış. Tacizin sadece cinsel dürtüden kaynaklandığı düşünülüyor ve alışılagelmiş önyargılarla suiistimallere bakılıyor ülkemizde. Bundan dolayı da böyle yanlış bir bilgi herkesçe kabul ediliyor. Hâlbuki kız ve erkek çocuklar aynı oranda risk grubundadır. Hatta bazı tacizciler, kız çocuğuyla görünmenin tehlikeli olacağını düşünerek, özellikle erkeklere yöneldiklerini ifade etmişlerdir.

9. Çocuklar zarara uğratıldığını hayal edip gerçekmiş gibi söyleyebilir.

Yanlış. Bazen çocukların yaşadıkları tacizi gizlemeye çalıştıkları önemli bir gerçektir. Ancak, saklamayıp anlattıkları bilgilerin tamamına yakını da doğrudur. Çocuklar zarara uğratıldığını anlatıyorsa, genellikle doğruları söylediğinden emin olabilirsiniz. Örneğin, oyun esnasında çocuğun oyuncaklarını konuştururken anlattıklarını ebeveyn mutlaka ciddiye almalı, bunları bir sinyal olarak kabul etmelidir. Hafızasında suiistimale yönelik bilgi bulunmayan bir çocuğun böyle bir oyun ya da diyalog kurması normal kabul edilemez.

10. Parklar, genel tuvaletler, karanlık yerler, boş inşaat sahaları riskli bölgelerdir.

Doğru. Taciz olaylarının yaşandığı yerler genellikle ev-okul arasındaki yollar ya da çocuğun içinde bulunduğu yakın çevredir. Birçok tacizci, çocuğu kendi bulunduğu semtten başka bir yere götürmenin riskli olduğunu düşünür. Çünkü evden uzaklaşan çocuk tedirgin olur, korkar ve bağırarak etrafı harekete geçirebilir. Çocuğu güven duyduğu ortamda tutmaksa tüm bu problemleri ortadan kaldırır.

11. Tacizciler hedef olarak kendini tanımayan çocukları seçer.

Yanlış. Bir tacizcinin, hiç tanımadığı bir semtte, hiç tanımadığı bir çocuğu taciz etmesi oldukça risklidir. O çocuğun annesini, babasını, komşu ve akrabalarını tanımadan çocuğun yanına yaklaşmak, yakalanmaya davetiye çıkartmaktır.

Bir tacizcinin tanımadığı bir çocuğun elinden tutup onu bir yerlere götürmeye çalışması çok zayıf bir ihtimaldir. Tacizciler, suiistimal edeceği çocuğu ve ailesini çok yakından tanır çoğunlukla. Ailenin hassasiyetlerini ve önceliklerini bilir, çocuğun hangi olaya nasıl reflekslerle tepki vereceğini zaman içinde adım adım test eder. Unutmamalıdır ki tacizcilerin tamamına yakını, anne-babanın oturup konuştuğu, tanıştığı kişilerden oluşur.

12. Bir suiistimalin yaşandığı semtte, olayın tekrar etme ihtimali zayıftır.

Yanlış. Tacizci o semtte bulunduğu sürece suiistimaller son bulmayacaktır. Tacizci, tedavi edilmediği sürece, ilk suiistimalden sonra durmaz. Dolayısıyla aynı bölgede yaşanan bir suiistimal olayı, bir sonraki tacizin yaşanma ihtimaline işaret eder. Yaşanan bir taciz olayından sonra tacizcinin ortaya çıkarılmaması, bir sonraki tacize davetiye çıktığını işaret eder. Kaç yıl sonra olursa olsun, tacizci tedavi olmadıktan sonra suiistimalin tekrarlanma ihtimali çok yüksektir.

13. Tacizci, rastgele bir anda, rastgele bir hedefe yönelir.

Yanlış. Tacizci, taciz anını en ince ayrıntısına kadar planlayarak harekete geçer. Hemen hemen bütün taciz olayları önceden planlanmış, tedbirler alınmış, riskler en aza indirilmiş koşullarda gerçekleşir. Çocukların zarara uğratılmasında plan, program ve ince ayrıntıları hesap

Tacizci, hedef olarak seçtiği çocuğu yıllarca ağına düşürmek için bekleyebilir.

etmek çok dikkat çekicidir. Tacizci, hedef olarak seçtiği çocuğu ağına düşürmek için yıllarca bekleyebilir.

14. Pornografi tacizi yaygınlaştırır.

Doğru. Birçok tacizci, kendilerinde yaşadıkları ilk duygusal ve zihinsel kaymaların kontrolsüz pornografiden kaynaklandığını itiraf eder.

Terapi görüşmesi: B.C. (17)

"Evimize internet bağlandığında 14 yaşındaydım. İlk günler kimi zaman ders çalışıyor, kimi zaman da oyunlar oynuyordum. Ailem çok güveniyordu bana. Artık dışarıda kötü arkadaşlara bulaşmayacağımı düşündükleri için mutlulardı. Bütün gün evdeydim ve odamda internet sayfalarını gezip duruyordum. Bir gün yine sanal dünyada dolaşırken önüme gelen bir reklama bilinçsizce bastım, ahlaksız bir siteye girmişim, korktum ve hemen kapattım. Birileri görecek ve hakkımda kötü düşünecek diye bilgisayarın hafızasından o sitenin adresini sildim. Ama oradaki görüntülere karşı içimde garip bir merak oluştu. Aradan birkaç gün geçince yeniden aynı sayfaya girdim. Bu kez evde kimse yoktu ve saatlerce o sayfalarda oyalandım. Aradan bir yıl geçti. Önceleri iğrenerek gözümü kapattığım sitelerin esiri oldum artık. Anne-babamın hiçbir şeyden haberi yok. Artık kendimi kontrol edemez bir durumdayım. Kız kardeşimi odasında giyinirken görmeye çalışıyorum. Mahallemizdeki küçük çocuklara karşı içimde bir ilgi oluştuğunu hissediyorum. Kendimden iğreniyor, intihar etmek istiyorum, ama bundan korkuyordum da... Şimdi bu alışkanlığımdan kurtulmak için her gün ağlıyorum, dua ediyorum."

15. Tacizci, çocuğu genelde bir kez zarara uğratır.

Yanlış. Bir tacizcinin çocuğu zarara uğratma süreci çoğunlukla yıllarca sürer. Yapılan araştırmalarda da sadece bir defa suiistimal edilmiş çocuk sayısının çok az olduğu, özellikle aile içinde gerçekleşen vakaların 10-17 yıl arasında devam ettiği görülür.

16. Öz babanın kendi çocuğunu taciz etmesi hemen hemen imkânsızdır.

Doğru. Her ne kadar basın yayın organlarında "öz baba" ve "öz kardeşlerin" taciz olayları duyulsa da bu çok çok zayıf bir ihtimaldir. Normal şartlar altında bir babanın, kendi çocuğuna karşı cinselliğe ait psikogenetik kapıları kapalıdır. Yani, bir babanın zihni ve ruh dünyası tamamen altüst hale gelmedikten sonra, kendi çocuğuna tacizde bulunması neredeyse imkânsızdır.

17. Aşırı alkol ve uyuşturucu madde kullanımı suiistimal riskini artırır.

Doğru. Aşırı alkol ve uyuşturucu madde sinir sistemine verdiği tahribat bilinen bir gerçektir. Alkol ve uyuşturucu-

Zarara uğratılmış çocukların ileride tacizci olma olasılığı yüksektir.

nun kişinin muhakeme ve algılama yeteneğini yavaşlattığını da hesaba katarsak, düzen içinde çalışmayan bir beynin yönettiği beden sadece suiistimali değil, başka birçok riski de tetikleyebilir.

18. Taciz, sadece psikolojik bir hastalıktır, fiziksel veya nörolojik bağlantıları yoktur.

Yanlış. Tacizcilerin bir kısmında, epilepsi nöbetleri beyindeki elektriksel akımlarda düzensizlikler gözlemlenmiştir. Bir kısım tacizcide de IQ düşüklüğü tespit edilmiştir. Tüm bu fiziksel ve nörolojik bağlantılara, tacizcinin yaşadığı aşırı cinsel dürtünün sebep olduğu düşünülmektedir. Yoksa bu tür rahatsızlıklar yaşayanların suiistimal eğilimli olduğu söylenemez.

19. Kişi, uygulamadığı sürece, suiistimal eğilimi taşımasında bir sakınca yoktur.

Yanlış. Bir kişinin tacizci olarak kabul edilmesi için hayalindeki ilgi, dürtü ve sempatinin pratiğe aksetmesi gerekmez. Baş edemediği duygu, düşünce ve saplantıların tedavi edilmesi gerekir.

20. Zarara uğratılmış biri tacizci olmaz.

Yanlış. Suiistimal edilmiş kişi muhakkak psikolojik yardım almalıdır. Tacize uğramış kişi, intikam almak, çocukluğunda yaşadığı acıyı topluma yaymak, başından geçenlerin yanlış olmadığını ve bunu herkesin yaşayabileceğini kendine ispat etmek için suiistimale yönelebilir. Bunun haricinde, sindirilmiş hafızadaki cinsel bilgilerin çatışması ve burada yer alan anormal cinsel veriler, kişinin tacizci olma ihtimalini yükseltir.

Tacizin kökeninde cinsel amaçtan daha çok şiddet duygusu vardır.

21. Zarara uğratılmış kişi psikolojik destek alarak yaşadıklarını unutabilir.

Yanlış. Suiistimale uğramış bir kişi yaşadıklarını hayal meyal de olsa sürekli hatırlar. Psikolojik destekle kişi kendi gerçeğini unutmayı değil; içinde onunla yaşayabilme gücünü oluşturur. Bununla birlikte, zarara uğratılmış çocuğun beyninde travma oluşabilir ve beyin kendini bu travmanın şiddetinden korumak için, taciz anını "sanki" hatırlamıyor gibi görünebilir. Hâlbuki bu acı olay, beyinde "sindirilmiş hafıza"ya değil, "sindirilmemiş hafıza"ya kaydedilir. Bundan dolayı da kişi yaşadığı hatırayı bazen hatırlamadığını hissedebilir. Bu tacizi unutmak değildir, beklenmedik bir anda patlamak üzere olayın üstünü kapatmaktır sadece.

Çocuklukta Yaşanan Suiistimalin Yetişkinlikteki Karşılığı Nedir?

"Çocukluk döneminde yaşanmış bir taciz, yetişkinlik yıllarına tesir eder mi?" sorusu oldukça önemli bir bilgi kapısının aralanmasına neden olur. Zira birçok kişi, küçükken yaşadıklarını atlattığını, hatta hiç hatırlamadığını zanneder... Hâlbuki yaşanmış bir taciz olayı "hatıra" olarak değil, "his" olarak kişinin içinde varlığını devam ettirir. Kişi, düşünce olarak zihninden suiistimali çıkarsa da o güne dair oluşan hisler çok defa kalıcıdır. Bu hisler kişide anlamsız kaygılara, sebebi bilinmez huzursuzluklara, duygusal benzer durumlarda bunalmalara, eşler arasında sebebi olmayan soğukluklara neden olabilir. Adı konulmamış, adresi belli olmayan ve birçok tahammülsüz davranışın kökenindeyse çocukluk yıllarında yaşanmış benzer hislerin duygularda oluşturduğu baskılar vardır.

Soyut-Gerçek İç Çatışması:

Çocukluğun erken döneminde dahi yaşanan olumsuzluklar, yetişkinlik yıllarında yeniden canlanır. Buna "soyut-gerçek çatışması" adı verilebilir.

Örneğin 4 yaşındaki çocuk, kendine yakın bir yetişkin tarafından çağrılsın. Çocuk bu talebin sevgi amaçlı olduğunu düşünerek yetişkinin kucağına otursun. Fakat bu yetişkin, çocuğun masumiyetini kullanarak onu taciz etsin. O anda çocuk başına gelenlerin ta-

ciz olduğunu bilmese de rahatsızlık hisseder. Yaşadığı durum içinde kötü bir his uyandırsa da buna anlam veremez. Ancak ilerleyen yaşlarda başına gelenlerin taciz olduğunu kavrar, çocukken hissettiklerinin adını koyar. Belki o gün neler yaşadığını tam olarak hatırlayamaz, ancak o kötü duyguyu bir kere daha ürpererek hisseder. Elle tutamadığı, hayal meyal hatırladığı soyut bir hatırayla somut bir gerçek olan tacizin yetişkinlikte oluşturduğu içsel çatışmayı "soyut-gerçek çatışması" olarak adlandırabiliriz. Soyut-gerçek çatışmasındaki kişi hangi davranışının taciz sonucunda ortaya çıktığını kestiremez. Ani bir öfke nöbeti, kendinden bile nefret etme, eşine karşı soğukluk, çocuklarından uzak durma, geçmişte yaşananların bugüne yansımasıdır.

Erken çocukluk döneminde yaşanan suiistimaller genellikle kişinin zihninde ve duygu dünyasında bir ömür saklı kalır. Zira zarara uğratılmış kişi yetişkin de olsa, o gün kendinde hissettiği "değersizlik" hissinin altında kalacağını düşünerek kaygılanır. Kendisine bakışların değişeceğini, oluşturduğu itibar duygusunun zedeleneceğini zanneder. "Zaten bu olay bende derin bir iz bırakmadı," gibi bilinçaltı bahanesiyle de tedaviye ihtiyaç duymaz. Hâlbuki böyle birinin asıl kaçtığı, itibarının zedeleneceği kaygısıdır...

Somut-Gerçek İç Çatışması

Çocuk, yaşadığı suiistimali "taciz" olarak tanımlayabilecek bilgi düzeyine sahipse, böyle bir durum onda "somut-gerçek iç çatışması"nı oluşturur.

Somut-gerçek iç çatışmasında çocuk yaşadıklarının taciz olduğunu, bunun ne anlama geldiğini ve toplumsal karşılığını bilir. Bu bilgiler çocuğu iç çatışmalara sürükler. Kabullenemez, kendini kirletilmiş hisseder. Utanç ve suçluluk duygusu yaşamasına neden olur. Günlük yaşamı bu sürekli hatırlamalarla şekillenir. Somut-gerçek iç çatışmasında hatıra ve duygular tazedir. Çocuk iki yönlü bir huzursuzluğun içindedir. Çocuğun bilinçli bir şekilde anlamlandırabileceği yaşta yaşadığı bir taciz onu sosyal yaşamdan alıkoyar. Diğer insanları "iyi ve temiz", kendiniyse "kötü ve kirli" olarak tanımlar.

Çocuklukta yaşanmış bir tacizle baş edebilmenin en etkin yolu, kişinin "Tüm bu yaşananlara ben sebep oldum," zannıyla oluşturduğu suçluluk duygusundan kurtulmasıdır. Çocuksu masumiyetinin suiistimal edildiğini kendine kabul ettirmelidir kişi. Yaşadığı olayın suç ortağı değil, mağduru olduğunu fark etmelidir. Böyle bir olayı sadece kendi değil, maalesef birçok kişinin yaşadığını düşünerek diğer insanlardan ayrı bir kaderi olduğu yanılgısından kurtulmalıdır. "Evet, çocukken suiistimal edildim," diyebilmeli, ardından "Bunda benim bir kabahatim yoktu," diye tekrar ederek yaşananları artık geçmişte bırakmalı, yeni bir yaşama "kendi gerçeğiyle barışmış" olarak devam etmelidir.

SON SÖZ

Çocuk eğitiminin en önemli kısmı, "Mahremiyet Eğitimi"dir.

Yetişkinlerin bu eğitimin ne olduğunu, nasıl verildiğini ve mahremiyet eğitimi eksikliklerinin nelere sebep olabileceğini bilmesi, çocukların hakkıdır.

Ancak unutmamalıdır ki, her ne kadar mahremiyet eğitimi düzgün bir şekilde çocuğa verilse de, çocuk suiistimali riski yüzde yüz olarak ortadan kalkmaz...

Böyle zarara uğratılmış çocuklara genellikle "anne baba telaşı" ve sorgulamalar sırasında pedagojik usullere uygun davranılmaz. Bu da yaşanan acının çocuk ruhunda daha da derinleşmesine sebep olur.

Bu durumdaki bir çocuğun, yaşadığı sorunu daha kolay aşabilmesi için uzman desteğine ihtiyaç olduğu unutulmamalıdır. Çocuk, sorun yokmuş gibi davransa da yaşanan problem, dışta değil, içtedir. Görünmesi ise oldukça zordur.

Mahremiyet bilincinin bütün topluma yayılması ve çocukların korunaklı bir dünyada yaşaması umudu ile...

Uzman Pedagog Doktor
Adem Güneş
0-6 YAŞ DÖNEMİ
ÇOCUK EĞİTİMİNDE
100
TEMEL KURAL
1. BASKI 20.000 ADET